# 殷陈庄村志

齐鲁名村志文化工程

山东省济南市历城区鲍山街道《殷陈庄村志》编纂委员会　编

方志出版社

**图书在版编目（CIP）数据**

殷陈庄村志 / 山东省济南市历城区鲍山街道《殷陈庄村志》编纂委员会编 .-- 北京：方志出版社，2021.2

ISBN 978-7-5144-4764-4

Ⅰ. ①殷…　Ⅱ. ①山…　Ⅲ. ①村史—历城区
Ⅳ. ① K295.25

中国版本图书馆 CIP 数据核字（2021）第 112033 号

**殷陈庄村志**

**编　　者**：山东省济南市历城区鲍山街道《殷陈庄村志》编纂委员会
**责任编辑**：程　倩

**出 版 者**：方志出版社
地址　北京市朝阳区潘家园东里 9 号（国家方志馆 4 层）
邮编　100021
网址　http://www.zgfzcb.cn
**发　　行**：方志出版社图书经销中心
电话　（010）67110500
**经　　销**：各地新华书店
**装帧设计**：北京乾达文化艺术有限公司
**印　　刷**：山东麦德森文化传媒有限公司

**开　　本**：889 × 1194　　1/16
**印　　张**：27
**字　　数**：276 千字
**版　　次**：2021 年 2 月第 1 版　　2021 年 2 月第 1 次印刷

**ISBN** 978-7-5144-4764-4　　**定价**：280.00 元

# 序

欣闻鲍山街道殷陈庄村年初即聘请专家编修村志，可谓新时代之盛事，是践行习近平总书记关于学习宣传中共党史、新中国史、改革开放史和社会主义发展史要求的具体行动。今志既成，嘱我作序，荣幸之余更为之感动，慨然应之。

我素知殷陈庄村之盛名，数次前往考察调研，村党支部一班人担当作为、干事创业，全村经济蓬勃发展，村庄建设日新月异，村民面貌朝气蓬勃，殷陈庄村成为历城区冉冉上升之新星。

村落是自然之体、生态之基、文化之脉、历史之源，随城市化迅速推进、村落转型撤并及传统生产生活方式转变，记录村庄历史，传承优秀文化，续写发展篇章，显得尤为重要。殷陈庄村编修村志，顺应时代需求，符合民众意愿，赢得干部群众及社会各界支持拥护。

这是为历史画像。殷陈庄村历史悠久，文化底蕴深厚。齐国大夫鲍叔牙、明代著名文学家李攀龙与殷陈庄村紧密相连。志书将鲍叔牙与殷陈、李攀龙与殷陈的历史文化深入挖掘，从他们的生平、事迹、精神、作品等诸方面，进行全方位画像，为后人留下鲜活的历史资料。“管鲍之交”蕴含的为人之道，李攀龙洁身自爱、学不厌深等品格，历代传承，成为村民永久的精神财富。

这是为乡愁存档。人们往往对过去的生活有着难以割舍的情愫，一段土路、一口老井、一处残墙，甚至一方草垛，都会勾起人们的回忆。志书对村名来历、姓氏渊源及老官道、大车门、老学校等进行翔实记录，并配以老照片，将一页页乡愁归档。一志在手，瞬间涌起那些并不遥远却倍感温馨的画面。

这是为村民提气。志书系统整理经济发展、村庄建设等内容，让后人了解村庄发展的艰辛历程，为家乡的发展而自豪，增强建设美好家园的自觉性、主动性。志书收录全村各界杰出人物，对他们的事迹进行深入挖掘，以此激发村民的荣誉感、自豪感，培养奋发进取的情怀。与其说是为村民修志，不如说为后代“立志”。

一个个故事，一组组数字，一件件实事……《殷陈庄村志》，凝聚着编纂人员的心血和汗水，让人们看到殷陈庄村的过去和现在，也能感知到殷陈庄村的未来。这是殷陈庄村奋进、自立、自强的缩影，蕴含的爱国奉献、团结互助、自强不息、开拓创新的殷陈精神，是全村上下取之不尽、用之不竭的宝贵财富。值此成书之际，更应感谢全体编纂人员和为村志编修做出贡献的同志！

是为序。

济南市历城区人大常委会主任

2020 年 12 月

## 《殷陈庄村志》编纂委员会

顾　问　孙德顺　陈学刚　张丙甲

主　任　谢呈波

委　员　李大林　谢呈龙　张洪琴　解宝明　李金伟　李红经
　　　　李　栋

## 《殷陈庄村志》编纂人员

编　审　谢呈波

主　编　刘建国

副主编　杨恩海　程国栋

编　辑　（以姓氏笔画为序）
　　　　李洪生　陈起宝　林　红　姜　晶　谢吉孔　谢呈祥

摄　影　屈玉芬　李传明　周美娜　刘　戈

绘　画　王　兵　鲍家虎

编　务　李明盛

# 凡例

一、以马克思列宁主义、毛泽东思想、邓小平理论、“三个代表”重要思想、科学发展观、习近平新时代中国特色社会主义思想为指导，坚持辩证唯物主义和历史唯物主义的立场、观点和方法，存真求实，力求全面、客观、系统记述殷陈庄村发展变化进程和改革开放成果，传承和抢救乡土历史文化，激发爱国爱乡情怀，留住乡愁，为探索中国特色新型城镇化建设、服务乡村振兴战略提供历史智慧和现实借鉴。

二、本志上限为立村时间，下限为2020年12月，为全面反映入志事物发展脉络，个别内容下延至2021年6月。详今明古，着重反映时代特色和地域特点，重点体现殷陈庄村的“名”与“特”。

三、记述地域范围以殷陈庄村2020年行政辖区为主。为体现文化历史对殷陈庄村的影响及意义，从更开阔的区域视野记述鲍叔牙、李攀龙等相关内容。

四、采用纲目体，设类目、分目、条目三个层次。横排门类，纵述史实，述而不论。

五、综合运用述、记、志、传、图、表、录等各种体裁，以志体为主。篇目设置不求面面俱到，一般意义上的内容略述或不记述。

六、除引用文字和附录文献资料外，统一使用规范的现代语体文记述，行文力求朴实、严谨、简洁、流畅、优美，具有较强可读性。

七、人物逝者按卒年排序，生者按生年排序。历代乡贤选录对本村发展有重大影响和贡献的过世者；人物简介选录对本村贡献较大，威望较高的健在者；人物名录收录副处（团）级、副高级以上职称者，区级以上人大代表、政协委员，获市级以上表彰者，革命烈士。

八、各项数据一般采用国家统计部门数据。数据缺乏的，采用主办单位正式提供的数据。

九、数字用法、标点符号、计量单位分别执行国家标准《出版物上数字用法》（GB/T 15835—2011）、《标点符号用法》（GB/T 15834—2011）、《国际单位制及其应用》（GB 3100—1993）和《有关量、单位、符号的一般原则》（GB 3101—1993）。历史上使用的计量单位，如斗、石、里、尺、磅、华氏度等，在引文时照录。考虑到社会使用习惯，全书中亩不统一换算。

十、中华民国成立前的纪年，使用历史纪年，括注公元年份；中华民国成立后的纪年，均使用公元纪年。“中华人民共和国成立前（后）”，以中华人民共和国成立日 1949 年 10 月 1 日为界；“改革开放前（后）”，以 1978 年 12 月中共十一届三中全会召开为界。本志“××年代”，凡未加世纪者，均指 20 世纪。

十一、旧志、古籍中的繁体字、冷僻字一般用简化字或通用字替换，易引起误解的则保留。

十二、记述各个历史时期的机构、职务、地名等，均以当时的名称为准。

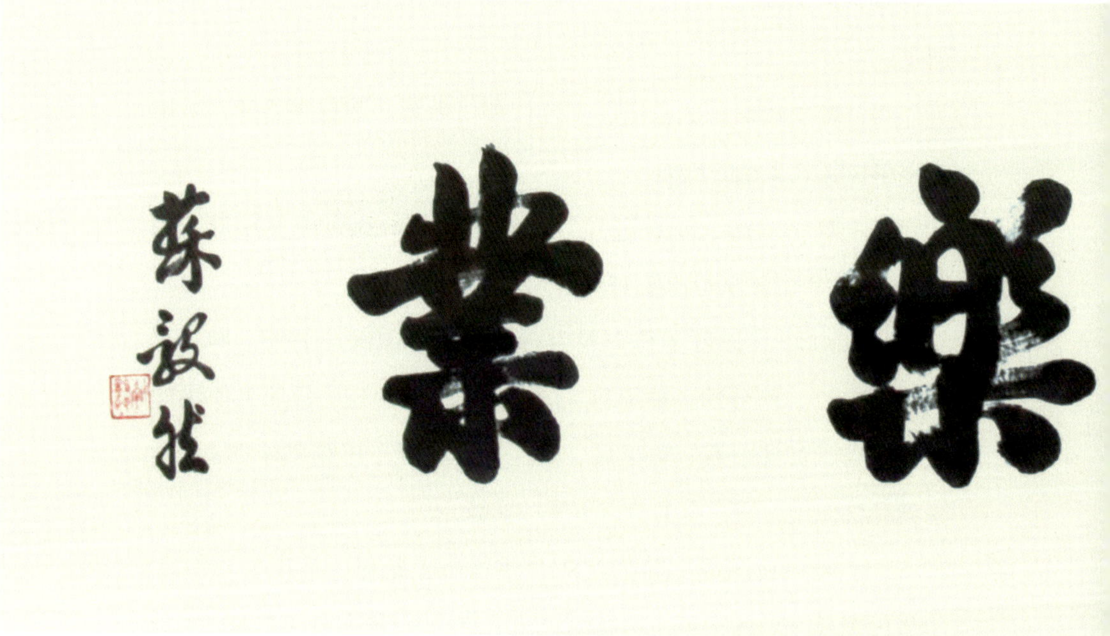


中共山东省委原书记苏毅然题词

安居

殷陈全貌（摄于 2020 年）

鲍山风光（摄于 2020 年）

① 殷陈东小区（摄于 2020 年）
② 鲍山公园正门（摄于 2020 年）
③ 烈士山革命英雄纪念碑（摄于 2020 年）

鮑山勝境
和順淑氣盈銅城
叔牙賢明譽齊國

| | |
|---|---|
| ① | ③ |
| ② | ④ |

① 从鲍山看殷陈（西小区）（摄于 2020 年）
② 鲍山公园望月亭（摄于 2020 年）
③ 鲍山公园一角（摄于 2020 年）
④ 鲍山秋色（摄于 2020 年）

① ② ③ ④

① 2020 年 11 月，殷陈庄召开支部委员会党员大会
② 2020 年 12 月 17 日，历城区委领导到殷陈庄村检查指导工作
③ 党员投票表决
④ 2020 年 11 月 4 日，历城区公安局、鲍山街道办事处领导到殷陈庄村检查指导工作

投票箱

以人民

① 为村民办理失地保险（摄于 2020 年）
② 疫情防护（摄于 2020 年）
③ 志愿者社区巡查（摄于 2020 年）
④ 殷陈庄村志愿者便民服务（摄于 2020 年）
⑤ 殷陈庄村一角（摄于 2020 年）

① 殷陈频道节目录制中（摄于 2020 年）
② 殷陈庄村应急指挥中心（摄于 2020 年）
③ 殷陈幼儿园内景（摄于 2020 年）

EXIT
小三

① ②

① 殷陈幼儿园早课（摄于 2020 年）
② 殷陈幼儿园课间活动（摄于 2020 年）

adidas
adidas

① ②

① 殷陈小学体育课
② 殷陈小学美术课（摄于2020年）

▲ 庆祝建党 100 周年文艺会演（摄于 2021 年）

颂歌献给党 奋进新时代
年文艺汇演

鲍山党建文化广场

① ②

① 鲍山之门（摄于2021年）
② 休憩区（摄于 2021 年）

弘扬红船精神
践行初心使命

①③
②④

① 殷陈村党风廉政教育培训中心（摄于 2021 年）
② “爱国者号” 红色教育空间（摄于 2021 年）
③ 警示教育区（摄于 2021 年）
④ 历史文化展示区（摄于 2021 年）

广场夜色（摄于 2021 年）

践行初心使命
勇立潮头
红船再出发

## 鲍山孝园

鲍山孝园内景（摄于 2021 年）

移风易俗
积善遗情
生态环境
和谐社会

贵州省民政厅领导参观考察鲍山孝园（摄于 2021 年）

殷陈朴里节

摄于 2019 年

# 目录

# 殷陈概览

殷陈庄村位于山东省济南市东郊，鲍山西麓，自古为齐地入济南之要道。2020年，全村1221户，157个姓氏，4186人，均为汉族。有耕地1651亩。

一

殷陈庄历史悠久，春秋战国以前，即有先民在此繁衍生息。中华人民共和国成立后，先后属济南市历城县东郊公社、东郊区王舍人公社、历城区王舍人镇，2010年改属济南市历城区鲍山街道。

殷陈庄原为殷家庄、陈家庄两个村，1959年，殷家庄、陈家庄合并为殷陈生产大队，后改为殷陈庄村。

二

春秋时期，殷陈一带为齐国大夫鲍叔牙封地，鲍山因是而名。鲍叔牙以知人善任称名于世，曾辅助公子小白夺得国君之位，并力荐管仲为相。村内有许多关于鲍叔牙善良、正义的故事传说，尤以管鲍之交耳熟能详，历久弥新。殷陈庄村良好的村风民俗，即源于此。抗美援朝、保护铁路、缴纳公粮、抗洪救灾，村人展示出极大的爱国爱乡热忱。村内助人为乐、扶贫济困、见义勇为蔚成风气。

## 三

明代文坛巨匠李攀龙，与王世贞、谢榛、宗臣、吴国伦、梁有誉、徐中行倡导复古运动，其论诗主张自成一派，史称“后七子”。李攀龙诗文俱佳，独领风骚二十年。其在殷陈鲍山所建白雪楼，闻名遐迩，影响深远。清末，村人陈永修以诗文称誉乡里，诗作传世甚多。中华人民共和国成立后，殷陈庄村更是人才辈出，本科以上有百余人。

## 四

殷陈庄村人文氤氲，文化生活丰富多彩，春节、元宵节均有龙灯、高跷、彩船、秧歌、腰鼓等节目表演。中华人民共和国成立后，吕剧、话剧、京剧、五音戏等经典剧目演出较多。殷陈吕剧声名远播，不少节目在历城巡回演出，其中《送宝》选调省会济南进行专场演出。

进入21世纪，随着村民生活质量日益提升，文艺活动更趋活跃，健身操、广场舞等文化活动随之兴起。2020年，村内设立幸福文明中心，搭建起村民活动的崭新平台，虚拟演播室、录音棚、摄影区和有声图书馆等设备齐全，满足群众日益增长的精神文化需求。

五

殷陈庄村区位优势明显，古有官道贯穿村内，道旁店铺林立，商业发达。中华人民共和国成立后，村集体经济快速发展，盛极一时，为历城经济强村。20 世纪 80 年代后，民营经济蓬勃发展，带动村民收入增加。随着城市化进程加快和济南钢铁厂、中建八局、黄河石料厂、济南炼油厂、菜鸟物流等大型项目落户殷陈庄村，推动殷陈庄村庄建设不断加快，村民变居民。

六

中华人民共和国成立前，村内街道狭窄，布局散乱，宅落窄仄。中华人民共和国成立后，人居环境逐渐改善。1984 年，殷陈庄村进行第一次新村规划，三分之二村民建成二层楼房。2010 年开始旧村改造，到 2020 年，全部安置到位。路灯、绿地、环卫等配套设施逐步完善，文体广场、党群服务中心陆续建成并投入使用。殷陈庄村已成为济南近郊环境优美、宜居宜业的康养福地。

# 殷陈村情

# 建置沿革

## 村名由来

殷陈庄村位于济南市历城区鲍山街道西部，东依鲍山、西南临烈士山。春秋战国以前，已有先民在此繁衍生息。殷陈庄村原为殷家庄、陈家庄两个村，均立村于明朝洪武年间（1368—1398）。陈氏一族从直隶枣强（今河北省衡水市枣强县）移居大王庄，后因陈姓族人最多，大王庄更名陈家庄。1959 年，东郊人民公社将殷家庄、陈家庄两村组成殷陈生产大队。后两村合为一村，取名殷陈庄村。

## 沿革

清乾隆至光绪年间，殷家庄属正东乡南保泉二管辖，陈家庄属正东乡闵孝四管辖。1912 年，殷、陈二村属张马乡南保泉二管辖。1929 年 7 月，济南设市，历城改乡制，划十二区，殷、陈二村属张马区。1945 年，属张马区鲍西乡。

1950 年，历城设 10 个区 115 个乡镇，殷、陈二村属第一区王舍人镇。1956年，属城关区王舍人镇。1957年，撤区并乡，属王舍人镇。

1958 年 9 月，历城撤销乡镇建制，成立“政社合一”的人民公社，殷、陈二村属东郊人民公社第 16 营。1959 年，殷、陈二村合并为殷陈生产大队。1968 年 7 月，撤区设县，历城县设有 17 个公社，殷陈大队属东郊公社。

1980 年 4 月，济南市重设东郊区，殷陈大队属东郊区王舍人公社。1984 年 1 月，实行政社分开，设立乡镇政府，殷陈庄村归济南市东郊区王舍人镇。

1987 年 4 月，历城县改为历城区，殷陈庄村属历城区王舍人镇。

2010 年 5 月，撤乡镇改设街道，殷陈庄村属鲍山街道。

# 区位交通

## 区位

殷陈庄村坐落于济南市东郊、鲍山西邻，北纬36°40'、东经117°06'。距济南市政府8千米，距济南高铁东站5千米，距济南遥墙机场18千米，距绕城高速郭店路口3千米，距鲍山街道办事处2.3千米。东南与韩仓、章灵相连，南与安家庄、义和庄相望，西与赵

家为邻，北与王舍人村相邻。

## 交通

殷陈庄村坐落于济南东郊，自古为齐地入济南之要道，明清古官道穿村而过。村域交通便利，四通八达。西临工业南路，南临飞跃大道，北临工业北路，东临绕城高速。2010 年旧村改造以前，村内有东西、南北大街各 4 条，路面宽度为 8 ～ 16 米，南北大街与飞跃大道相通，东西大街与工业南路、烈士山东路相连。

殷陈庄村远眺
摄于 2020 年

# 环境资源

## 地质

殷陈庄村地处泰山断裂凸起北翼，是济南南部山丘延续带，地表为第四系沉积物覆盖，第四系覆盖层以下为辉长岩体，区内第四系冲洪沉积层发育，主要由黄土层及砾石层构成。

黄土层主要为黏质沙土、沙质黏土类沙砾。黄土层以下为砾石层，多为胶结，少数为钙质、泥质，胶结石灰岩成为区内主要含水层裂隙岩溶水，其次为第四系冲洪长孔系浅水，富水性较差。

鲍山山体断面
摄于 2020 年

## 地形地貌

殷陈庄村处在东南丘陵向西北平原过渡地带，东有鲍山，东南有将山、盘龙山，西南有烈士山；地势南高北低，东南海拔 97 米，西北海拔 45 米，高差 52 米。呈现南部为低山丘陵，多沟壑台地，北部地势缓平宽广的地形地貌。

鲍山位于村东 300 米处，西麓为梯田，鲍山东侧是较平坦的土地，耕作层以下是黑黏土，质地较硬，但保水保肥，土质肥沃；鲍山南侧是一片开阔的平原地带，人称“常川地”，土质肥沃。村南侧土地，沙质较多，土质松软，蓄水量大，天旱或多雨皆适于耕作。村东南靠近将山和盘龙山一带，土地零散，土质较差。村北为大片平原，是主要耕作区。

鲍山南麓
摄于 2020 年

## 水文

域内无河流，然冲沟发育明显，村东南部山区雨水顺山势下泄，形成三条冲沟：一是东南凤凰山以西的雨水，经将山东侧过陈家庄村东，穿胶济铁路涵洞排入王舍人庄东猪市沟；二是从安家庄雪山西侧汇集南部山区下泄的雨水，经盘龙山西侧，从殷、陈两村之间向北过胶济铁路涵洞排入王舍人庄东头龙脊河；三是从义和庄西下泄的水流，经殷家庄西向北过胶济铁路，经王舍人庄西北，流入小清河。

因域内沟壑较多，雨季水流到低处形成湾塘，陈家庄和殷家庄村东、西两头原各有水湾 1 处，既蓄水防洪，又供居民洗衣、牲畜饮水和春季栽植地瓜用。后随村庄规划建设，均已填平建房，湾塘不复存在。

20 世纪 60 年代之前，地下水位为 10 米左右，随着周边工业用水大量开采，浅水井均已干涸。1967 年使用钻机打井，在村东和村南钻深井 24 眼，井深 150 米左右，水量充足，含锶量较高，水质优良。

## 气候

殷陈庄村属暖温带季风气候区，夏热冬冷，雨热同季，四季分明。

春季多南风和西南风，干燥少雨易旱，故有十年九春旱之说，光照充足，气温回升快，平均气温 14.2℃。夏季盛行东南风，湿热多雨，雨量集中，多大到暴雨，平均气温 26.4℃；最高气温 42.5℃，出现在 1955 年 7 月 24 日。秋季风向多变，秋高气爽，东南风常带去小雨，秋季平均气温 14℃左右，晚秋往往秋雨连绵，秋后时有大雾发生。冬季受大气环流影响，干燥寒冷，雨雪偏少，平均气温 -1℃；最低气温 -22℃，出现在 1957 年 2 月 9 日。

### 降水

殷陈庄村年平均降水量 698.6 毫米，最多年降水量为 1147.6 毫米（1962 年），最少年降水量为 314 毫米（1968 年）。一次降水最大量为 303 毫米（6 小时），出现在 1987 年 8 月 26 日。年降水量不低于 560 毫米的保证率为 80%。由于受季风转换影响，各月降水不均匀，夏季 7—8 月受东南季风影响，降雨多；冬季受北方冷空气影响，降水量少。各月降水量以 7 月最多，8 月次之，1 月最少。

### 风

殷陈庄村受四季不同环流控制影响而风向多变。冬季受来自西伯利亚的干冷空气团侵袭，盛行西北风、北风或东北风。

夏季，受热带副热带海洋气团影响，季风转换，盛行西南风、南风或东南风。

春、秋两季是冬季风和夏季风的过渡季节，风向多变。

## 无霜期

殷陈庄村年平均无霜期 189 天。以日最低气温低于 2℃作为霜冻指标，历年初霜期一般为 10 月 27 日，终霜期为 4 月 13 日。

## 日照

历年平均日照时数 2640 小时，日照百分率为 60%，大于等于 10℃期间的日照时数为 1737 小时，占全年日照总数的 66%。7—8 月雨季多雨，日照时数少，日照百分率最低。

## 植被

历史上殷陈庄村树木种类较多，主要种植于村民房前屋后、空闲宅基地及村周边或山坡地，用材树种有榆树、国槐、刺槐、杨树、桐树、柳树、苦楝等。

经济树种有枣树、梨树、桃树、杏树、苹果树、石榴树、香椿树等。零星分布的有皂角、山槐、构树、桑树、松树、柏树、酸枣、荆条等。

鲍山植被
摄于 2020 年

烈士山松林
摄于 2020 年

## 土地资源

殷陈庄村原有土地5600余亩，属褐土、黄褐土，pH值7.5左右，呈中性至弱碱性，表层土质地适中，保水保肥，熟化程度高，适宜农作物生长；土壤底层深度为0.8 ~ 10米。村域南部为丘陵坡地，是由部分钙质岩形成的粗骨性褐土，土层发育不全，结构性差，水土流失严重，俗称山坡滩子。

20世纪70年代
占用殷陈土地
建成济南炼油厂
摄于2020年

## 水文

地下水资源　殷陈庄村地下水由两部分组成，地下15米左右为浅层地下水；地下150米左右为深层地下水，为岩溶水、岩溶性地下水，储量丰富，属重碳酸钙、镁型淡水，矿化度小于0.5克/升。

## 物候

初春，柏树返青，柳树发芽，野菊展叶，野草发青，丁香发芽，水面融冰，土表解冻，小麦返青。

仲春，榆树盛花，蒲公英、小叶杨始花，车前子变绿，丁香展叶开花，大雁南来，青蛙初鸣，虫蛇出土，小麦拔节。

季春，初雷开始，毛白杨落花，榆钱散落，小麦孕穗，枣树发芽。

初夏，刺槐花盛开，桑葚初熟，家燕初雏，小麦开花灌浆，棉花分叉，马铃薯开花。

仲夏，杏收摘，早桃成熟，蝉初鸣，小麦成熟收获，春玉米抽穗开花，棉花现蕾开花，布谷鸟终鸣。

季夏，春玉米成熟，棉花吐絮，花椒收摘，蜻蜓飞舞，蝉终鸣。

初秋，秋作物成熟收获，秋耕种麦，家燕南去，雷暴终止。

仲秋，冬小麦出苗，枣树、柿树、苹果树叶初落，大雁南飞，蟋蟀终鸣。

季秋，早霜出现，枣树、柿树等普遍落叶，蚯蚓封洞，蛇入穴。

初冬，柳树落叶，冬小麦分蘖盛期，大白菜收藏，薄冰初现。

隆冬，土壤表面冻结，湾塘封冻，北风呼啸，天寒地冻。

## 农谚

清明前后，种瓜种豆。

枣树发芽种棉花。

七宿麦子八宿谷，三宿出来是晚谷。

三月二十八（农历）麦芒一乍挐。

六月六看谷秀，七月七掐谷吃，八月八大车小车往家拉。

立秋不立秋，六月二十头。

白露早，寒露迟，秋分种麦正适宜。

有钱难买五月旱，六月连阴吃饱饭。

一九二九不出手，三九四九冰上走，五九六九沿河看柳，七九河开八九雁来，九九加一九，耕牛遍地走。

## 气象灾害

20世纪，殷陈庄村多次遭遇重大气象灾害，其中暴雨洪涝、干旱出现频率高，造成严重损失。

1930年，大雨成灾。1937年8月，连降暴雨。1942年7月8日，暴雨成灾，洪水冲垮陈家庄北胶济铁路。1961年春，大旱，小麦亩产 10 千克左右；秋暴雨成灾。1962 年 2—7 月，大旱无雨，5 月 12 日出现历年最晚终霜；7 月 13 日，降特大暴雨，6 小时内降雨量达 298.4 毫米。1968 年境内严重干旱，年降水量 314 毫米，农作物严重减产，殷陈大队开始吃救济粮。1987 年 8 月 26 日，降特大暴雨，降水超过 300 毫米，殷陈庄村部分房屋倒塌。

# 人口 姓氏 谱牒

## 人口

截至2020年12月，殷陈庄村总人口4186人，皆为汉族，其中男性1965人，占全村人口的46.94%；女性2221人，占全村人口的53.06%。

年龄构成　清末到中华人民共和国成立初期，医疗卫生条件较差，由于各种疾病、瘟疫的流行与传染，人口死亡率较高，村民平均寿命为50岁左右。

20世纪70年代始，实施计划生育基本国策，实行优生优育，加强各种疾病预防。儿童、少年夭折极少，成年人健康状况好转，寿命延长。2020年，村内人口4186人，其中60～79岁村民677人，占总人口的16.2%；80岁以上村民95人，占总人口的2.3%；村民平均寿命77岁。2020年，村内最年长者刘文芳（女）99岁。

2020年12月殷陈庄村居民年龄情况一览表

表1

| 年龄（岁） | 人数（人） | 占比 |
|---|---|---|
| 1～9 | 576 | 13.8% |
| 10～19 | 444 | 10.6% |
| 20～29 | 450 | 10.7% |

续表 1

| 年龄（岁） | 人数（人） | 占比 |
| --- | --- | --- |
| 30 ~ 39 | 701 | 16.7% |
| 40 ~ 49 | 593 | 14.2% |
| 50 ~ 59 | 650 | 15.5% |
| 60 ~ 79 | 677 | 16.2% |
| 80 岁及以上 | 95 | 2.3% |

2020 年 12 月殷陈庄村 80 岁及以上人员统计表

表 2

| 序号 | 姓名 | 性别 | 出生年月 | 年龄 |
| --- | --- | --- | --- | --- |
| 1 | 刘文芳 | 女 | 1921.8 | 99 |
| 2 | 路秀兰 | 女 | 1927.2 | 93 |
| 3 | 武光振 | 男 | 1928.10 | 92 |
| 4 | 李兴玉 | 男 | 1929.11 | 91 |
| 5 | 李世彬 | 男 | 1930.2 | 90 |
| 6 | 陈锡禄 | 男 | 1930.3 | 90 |
| 7 | 高寿芳 | 女 | 1930.3 | 90 |
| 8 | 韩家高 | 男 | 1930.4 | 90 |
| 9 | 章文炳 | 男 | 1930.7 | 90 |
| 10 | 李兴昌 | 男 | 1930.10 | 90 |
| 11 | 李树海 | 男 | 1931.5 | 89 |
| 12 | 于洪英 | 女 | 1931.11 | 89 |
| 13 | 杨玉莲 | 女 | 1932.1 | 88 |
| 14 | 章文兰 | 女 | 1932.1 | 88 |
| 15 | 柳洪岭 | 女 | 1932.2 | 88 |
| 16 | 杨玉琏 | 男 | 1932.2 | 88 |
| 17 | 段克泉 | 男 | 1933.3 | 87 |

续表 2

| 序号 | 姓名 | 性别 | 出生年月 | 年龄 |
|---|---|---|---|---|
| 18 | 钱宝禄 | 男 | 1933.4 | 87 |
| 19 | 程金华 | 女 | 1933.6 | 87 |
| 20 | 穆忠英 | 女 | 1933.11 | 87 |
| 21 | 武秀兰 | 女 | 1933.11 | 87 |
| 22 | 韩丕芳 | 女 | 1934.3 | 86 |
| 23 | 杨寿昌 | 男 | 1934.11 | 86 |
| 24 | 李金乃 | 男 | 1934.11 | 86 |
| 25 | 李光英 | 女 | 1934.11 | 86 |
| 26 | 石云英 | 女 | 1934.12 | 86 |
| 27 | 李学香 | 女 | 1935.1 | 85 |
| 28 | 解庆华 | 女 | 1935.1 | 85 |
| 29 | 何光才 | 男 | 1935.2 | 85 |
| 30 | 谢吉河 | 男 | 1935.5 | 85 |
| 31 | 谢吉平 | 男 | 1935.11 | 85 |
| 32 | 苏寿勇 | 男 | 1935.12 | 85 |
| 33 | 刘道俊 | 女 | 1936.1 | 84 |
| 34 | 安德英 | 女 | 1936.2 | 84 |
| 35 | 朱淑珍 | 女 | 1936.6 | 84 |
| 36 | 章文华 | 男 | 1936.6 | 84 |
| 37 | 杨春英 | 女 | 1936.7 | 84 |
| 38 | 李廷贞 | 女 | 1936.7 | 84 |
| 39 | 韩治安 | 男 | 1936.11 | 84 |
| 40 | 李玉英 | 女 | 1936.12 | 84 |
| 41 | 谢吉龙 | 男 | 1936.12 | 84 |
| 42 | 仇立芬 | 女 | 1937.1 | 83 |

续表 2

| 序号 | 姓名 | 性别 | 出生年月 | 年龄 |
|---|---|---|---|---|
| 43 | 李淑芳 | 女 | 1937.2 | 83 |
| 44 | 王德元 | 男 | 1937.3 | 83 |
| 45 | 李连香 | 女 | 1937.5 | 83 |
| 46 | 杜有富 | 男 | 1937.6 | 83 |
| 47 | 叶成芬 | 女 | 1937.6 | 83 |
| 48 | 李长英 | 女 | 1937.7 | 83 |
| 49 | 韩家顺 | 男 | 1937.7 | 83 |
| 50 | 武广铎 | 男 | 1937.8 | 83 |
| 51 | 宿忠华 | 女 | 1937.9 | 83 |
| 52 | 于庆爱 | 女 | 1937.12 | 83 |
| 53 | 武大金 | 男 | 1938.1 | 82 |
| 54 | 陈士英 | 女 | 1938.2 | 82 |
| 55 | 孙秀英 | 女 | 1938.2 | 82 |
| 56 | 王守翠 | 女 | 1938.3 | 82 |
| 57 | 刘灿琴 | 男 | 1938.6 | 82 |
| 58 | 潘元香 | 女 | 1938.7 | 82 |
| 59 | 张玉婷 | 女 | 1938.8 | 82 |
| 60 | 赵曰英 | 女 | 1938.8 | 82 |
| 61 | 孟庆芳 | 男 | 1938.10 | 82 |
| 62 | 李恩秀 | 女 | 1938.10 | 82 |
| 63 | 谢吉尧 | 男 | 1939.1 | 81 |
| 64 | 杨立秀 | 女 | 1939.1 | 81 |
| 65 | 谢吉元 | 男 | 1939.1 | 81 |
| 66 | 刘凤鸾 | 男 | 1939.3 | 81 |
| 67 | 孙学诚 | 男 | 1939.3 | 81 |

续表 2

| 序号 | 姓名 | 性别 | 出生年月 | 年龄 |
| --- | --- | --- | --- | --- |
| 68 | 解修纪 | 男 | 1939.3 | 81 |
| 69 | 曹洪英 | 女 | 1939.3 | 81 |
| 70 | 谢吉爱 | 女 | 1939.3 | 81 |
| 71 | 陈世信 | 男 | 1939.6 | 81 |
| 72 | 刘仕英 | 女 | 1939.6 | 81 |
| 73 | 刘元伦 | 男 | 1939.8 | 81 |
| 74 | 王茂英 | 女 | 1939.8 | 81 |
| 75 | 李良兰 | 女 | 1939.8 | 81 |
| 76 | 杨文兰 | 女 | 1939.9 | 81 |
| 77 | 李金明 | 男 | 1939.11 | 81 |
| 78 | 韩敬声 | 男 | 1939.12 | 81 |
| 79 | 陈世杰 | 男 | 1939.12 | 81 |
| 80 | 解修强 | 男 | 1940.1 | 80 |
| 81 | 李秀芝 | 女 | 1940.1 | 80 |
| 82 | 于洪俊 | 女 | 1940.1 | 80 |
| 83 | 张玉荣 | 女 | 1940.3 | 80 |
| 84 | 谢吉刚 | 男 | 1940.5 | 80 |
| 85 | 孙芝叶 | 女 | 1940.7 | 80 |
| 86 | 解修身 | 男 | 1940.7 | 80 |
| 87 | 张兴芹 | 女 | 1940.8 | 80 |
| 88 | 谢成福 | 男 | 1940.9 | 80 |
| 89 | 孟庆长 | 男 | 1940.9 | 80 |
| 90 | 李春兰 | 女 | 1940.9 | 80 |
| 91 | 王秀英 | 女 | 1940.10 | 80 |
| 92 | 韩治祥 | 男 | 1940.10 | 80 |

续表 2

| 序号 | 姓名 | 性别 | 出生年月 | 年龄 |
| --- | --- | --- | --- | --- |
| 93 | 颜培贞 | 女 | 1940.10 | 80 |
| 94 | 钱宝贞 | 男 | 1940.11 | 80 |
| 95 | 李桂兰 | 女 | 1940.12 | 80 |

文化层次　中华人民共和国成立前，村民文化程度偏低，多为文盲、半文盲。中华人民共和国成立后，通过扫盲教育和普及义务教育，村民文化程度提升较快。

2020 年殷陈庄村人口文化程度统计表

表 3

| 学历 | 人数（人） | 占百分比 |
| --- | --- | --- |
| 学龄前 | 308 | 7.35% |
| 小学 | 676 | 16.15% |
| 初中 | 1275 | 30.46% |
| 高中 / 中专 | 1388 | 33.16% |
| 专科 | 418 | 9.98% |
| 本科及以上 | 121 | 2.90% |

## 人口变动

自然变动　中华人民共和国成立前，殷陈庄村人口生育处于自然状态，因经济落后、生活贫困、疾病等，人口增减波动较大，人口增长率低。中华人民共和国成立后，生活水平逐渐提高，医疗条件逐渐改善，人口增长率随之提高。中华人民共和国成立初期，村内人口增长率在16‰左右。1960—1975年，全国出现人口增长高峰，自然增长率为46‰。1976—2010年，计划生育政策逐步落实，实行奖励一胎，控制二胎，杜绝三胎的办法，人口自然增长率逐年下降。2010年，人口自然增长率为5‰。2010—2020年，人口自然增长率基本持平。

机械变动　20世纪50年代至80年代末期，人口流动量小，有少数人因上学、服役或劳务迁出，迁入人员较少。进入21世纪，深化改革开放，进行户籍制度改革，促进人口有序流动，迁入迁出频繁，迁入人口大于迁出人口。

## 姓氏

2020年，全村有姓氏157个，其中中华人民共和国成立前原住居民姓氏26个。

### 殷陈庄村原住居民姓氏一览表

表 4

| 序号 | 姓氏 | 家族各支系代表人 | 序号 | 姓氏 | 家族各支系代表人 |
|---|---|---|---|---|---|
| 1 | 王 | 王茂胜 | 8 | 李 | 李显杰 |
|  | 王 | 王明亮 |  | 李 | 李俊山 |
|  | 王 | 王春晓 | 9 | 何 | 何光才 |
| 2 | 邓 | 邓永长 | 10 | 宋 | 宋　俊 |
| 3 | 叶 | 叶永森 | 11 | 张 | 张大贞 |
| 4 | 刘 | 刘元伦 | 12 | 陈 | 陈世盛 |
|  | 刘 | 刘凤鸾 |  | 陈 | 陈延君 |
|  | 刘 | 刘玉良 |  | 陈 | 陈建柱 |
|  | 刘 | 刘秀山 |  | 陈 | 陈起宝 |
|  | 刘 | 刘灿琴 |  | 陈 | 陈锡禄 |
| 5 | 孙 | 孙学颜 | 13 | 武 | 武光振 |
|  | 孙 | 孙宝生 | 14 | 孟 | 孟宪勤 |
|  | 孙 | 孙善敬 | 15 | 柏 | 柏永福 |
| 6 | 杜 | 杜富生 | 16 | 赵 | 赵承信 |
| 7 | 杨 | 杨玉琏 | 17 | 段 | 段克泉 |
|  | 杨 | 杨立柱 | 18 | 钱 | 钱宝贞 |
|  | 杨 | 杨寿昌 | 19 | 郭 | 郭玉江 |
|  | 杨 | 杨洪祥 | 20 | 高 | 高明儒 |
| 8 | 李 | 李　刚 | 21 | 曹 | 曹洪友 |
|  | 李 | 李兴玉 | 22 | 章 | 章文炳 |
|  | 李 | 李兴昌 | 23 | 韩 | 韩治安 |
|  | 李 | 李良谋 |  | 韩 | 韩家高 |
|  | 李 | 李际宋 | 24 | 谢 | 谢吉河 |
|  | 李 | 李念昆 | 25 | 解 | 解修纪 |
|  | 李 | 李树海 | 26 | 戴 | 戴兴旺 |
|  | 李 | 李树森 |  |  |  |

## 谱牒

### 王氏（家族代表人王明亮）家谱

#### 谱序摘要

史料记载，本族九世祖王子诚自洪武年间随当时移民大潮，由河北省枣强县迁徙至山东省章邑城西南乡官庄（现济南市历城区唐冶街道唐官小区北官社区）定居。王氏世祖自枣强迁出时，家族各宗派均指认铜佛为记号，故称“铜佛王”，北有祖茔碑文记载。

清光绪十年（1884年），由本族第十八世祖王秀云、王秀石主持，请先生刘士价、李伯封写谱填名，编续家谱十辈，即好善明至美、礼义续传家。

自上次续谱（1884年）至今（2018年）王氏家族自太官村又分迁于周边的西营、彩石、孙村等乡镇居住，后来逐渐遍布全国各省地市，至今已有130多年历史，下传二十五世子孙。

### 邓氏（家族代表人邓永长）族谱

#### 谱序摘要

始祖王寿公自明洪武元年（1368年）由江西省龙泉县金盔邓家庄迁于山东历城县东北乡坝子屯。虽有谱牒可考，惜年代未注前人之失，不可复考也，然族繁则支派众、地狭则迁居多。

历十世祖（讳）泊自坝子而后迁于刘家庄（裴家营）至今业已六世矣，而未修家谱牒序深以为忧，远不怕勤劳，亲赴坝子屯遍阅祖谱、誊录世代祖讳及迁居此庄、泊祖以上之名讳昭昭然有可考焉，使谱不修世系乌得而明，有恐年湮世远，以此支之曾元而犯支之祖讳，而国尤忌犯讳，况祖讳乎？遂合族公议，以十七世为首、授字命十世相传，万勿紊乱，以别其世系题曰：洪吉永传绪、立志保守全，十字为起名之式。言虽俚谊，不致年远失派云尔。

**杨氏（家族代表人杨玉琏）族谱**

**杨氏自第十三世祖迁居历城县殷家庄，至2020年传至十九世。**

**杨氏（家族代表人杨寿昌）族谱**

谱序摘要

我们杨氏祖上，于明末清初自北京顺天府蓟州玉田县沙立河定福庄（今河北唐山玉田县）移居山东济南府历城县刘智远、北胡村、草山岭村。距今已近400年。

迁居以来，家族昌盛、人丁兴旺，现已传十六代，六世同堂。截至2018年，全族1000多人，主要分布在10个村庄。

字辈

希、振、永、守、学、景、明、裕、吉、祥。

族训

气必正、心必厚、身必健、事必公、用必俭、学必勤、言必行、行必端。

## 杨氏（家族代表人杨洪祥）族谱

谱序摘要

吾杨氏自枣强永乐二年迁发以来，迄今已十一世矣，第一世始祖（讳）重阳，迁于历城杨家屯居焉，来自何年已无可考。历第四世，五世分为八支，居本庄者（讳）洪、淮、渟、润四支，又第一支、第二支（讳）高登、复登于五世迁居路家庄；第三支、第四支（讳）文第、闻昇于五世迁居殷家庄。

## 李氏（家族代表人李兴玉）宗谱

谱序摘要

吾始祖（讳）李志润，二百多年前因家境困苦，由李家寨西来谋生定居殷家庄，经艰苦创业、教子多学、繁衍生息，户大丁多，始祖七世往下辈分不明，六四年拟定以下十辈：明守道延庆、国宪万世昌，自九世挨次命名。

## 李氏（家族代表人李兴昌）族谱

### 谱序摘要

惟我分支，明末清初自青州府益都县核桃园村迁居济南府历城县王舍人庄逾一十五代，三百余载……

余谓当图维正惟事，以解后人之惑，是以远考青州、近稽高年、喜南院三支家堂犹存，十一世（讳）大盛伯虽寿高八秩，凡南院长支谱序记忆犹新，余纂之成帙，信者存之，疑者阙之，谨以表祖德佑后昆，联曰：绳其祖武泰山势远，贻厥孙谋黄河脉长。

### 家训

爱祖国　守法纪　孝父母　和兄弟　敬长幼　睦乡里
严义方　继书香　重科教　远迷信　慎烟酒　禁黄毒
崇俭廉　尚勤奋　倡诚信　乐助人　讲卫生　戒陋习
兴本业　振祠宇

## 李氏（家族代表人李际宋）族谱

### 谱序摘要

本支李氏祖籍章丘县，李院始祖从“延”字辈开始于清朝乾隆年间迁来殷家庄繁衍至今。

### 李氏（家族代表人李树海）族谱

#### 谱序摘要

吾李氏自河北省正定府枣强县李家庄迁居山东省济南府历城县刘智远庙庄宗支，于今十一世。

### 何氏（家族代表人何光才）家谱

#### 谱序摘要

该氏族何氏家谱，从历城区坝子村开始起后续。始祖何颜在清初迁至历城区港沟镇兴望村，勤俭持家，繁衍生息，至今第十三世代。另有克绍先谋四世未能续完。现将族人商议，从十三世祖可以填写配偶姓名，该家谱从十七世祖开始又确定有所兴占启荣吉丕德福厚生锦国迎贤才圣世长太平为后续，不得随意更改。

### 陈氏（家族代表人陈起宝）祖谱

#### 谱序摘要

《明太祖实录》载，元末战乱，赤地千里，难民云集，太祖初定天下，因迁晋冀之民于各地，以安社稷。吾陈氏先祖自冀之枣强迁于历城鲍山西侧大王庄定居，置良田数百亩，起楼架屋，以门窗相对明长幼之序，后家族昌盛，遂以姓名地曰“陈家庄”。因族人效远祖陈公（讳）寔孝父母、诲子孙、重诗礼、知孝义、事农桑、勤持家之训，又开义塾、药铺等养家济世。清光绪年间，翰林院题送“太邱世范”褒奖，时山东巡抚兼军务提督孙宝琦亦题“明经”匾。大院内有东、西二门，东门有“孝义”匾，西门不详，祠堂有“万世流芳”匾，院内有楼，曰“鲍西楼”，乃（讳）永修公书斋，现楼尚在。原有鲍西楼主人自署匾额，吾族谱世系及原序亦为（讳）永修公手定。后生齿日繁，族分四支，曰东院、西院、南院、北院。清末，南院迁西营定居，其中一支迁罗伽村。

### 孟氏（家族代表人孟宪勤）家谱

#### 谱序摘要

殷陈村孟姓是清康熙年间第六十三代氏族“贞”字辈由章丘旧军迁来居住。

### 段氏（家族代表人段克泉）族谱

#### 谱序摘要

吾段氏自清初从直隶枣强迁徙（至港沟镇燕棚窝村）以来，九世有余。

家训

第一要孝亲，亲生我之身，服劳与奉养，竭力莫因循，

必要爱弟兄，兄弟一母生，常念同胞谊，莫伤手足情，

更要训子孙，勤俭富之根，放荡要严戒，诗书振家门，

且宜睦宗家，同是祖根芽，同姓胜异姓，和气莫争差，

择配寻德贤，嫁女勿厚奁，待妇如待女，痛痒莫心偏，

最好是同乡，邻居要久长，扶持并借贷，凡事仗街坊，

长存积德心，世代昌盛安。

钱氏（家族代表人钱宝贞）宗谱

钱氏原籍浙江省慈溪县，始祖钱（讳）蒲自清康熙年间迁居济南泺口，清嘉庆七年（1802年）迁居陈家庄，现传至十四世。

曹氏（家族代表人曹洪友）宗谱

谱序摘要

吾始祖计春氏原籍直隶枣强，大明洪熙间迁居山左历邑城东殷家庄，迄于今四百余岁矣……又采择“玉永鸿章克承殷广凤云丕振世泽建长”十六字，自十一世挨次命名。

## 韩氏（家族代表人韩家高）宗谱

### 谱序摘要

吾八世祖（讳）士玹从历章二县之间神五庄迁居赵家庄，迨九世祖（讳）之鼎又迁殷家庄居焉。

## 谢氏（家族代表人谢吉河）家谱

### 谱序摘要

我支派始祖，即一世高祖为直隶枣强人氏应在明朝嘉靖二十四年至四十四年（1545—1565年）。祖传我现在谢氏一支第十一世、十二世祖为母子四人于清朝雍正末年乾隆初年逃荒至山东济南府历城县大王庄（陈家庄）始为我谢氏一支的始迁祖，即高祖。距今有二百六十七年的历史。

因我谢氏原宗谱已失传，各世族的行辈、名讳、年龄长幼无可考查，故现在重修族谱只能按十八世祖“连”字辈名讳为首另立谱序。“连”字辈有后人的，就是一个新的分支。遂合族公议，以十八世为首，授字命廿世相，万勿紊乱，以别其他世系，题曰：“连润吉呈兆，文俠起振永，敬慎传家宝，东庚兴长明”廿字为起名之式，言虽俚谊，但不致年远失派云尔。

## 家训

学莫便乎近其人。礼乐法而不说，诗书故而不切，春秋约而不速。方其人之习君子之说，则尊以遍矣，周于世矣。故学莫便乎近其人，学之经莫速乎好其人，隆礼次之。上不能好其人，下不能隆礼，安特将学杂识志，顺诗书而已耳。则末世穷年，不免为陋儒而已。将原先王，本仁义，则礼正其经纬蹊径也。若挈裘领，诎五指而顿之，顺者不可胜数也。不道礼宪，以诗书为之，譬之犹以指测河也，以戈舂黍也，以锥飡壶也，不可以得之矣。故隆礼，虽未明，法士也；不隆礼，虽察辩，散儒也。问楛者，勿告也；告楛者，勿问也；说楛者，勿听也。有争气者，勿与辩也。故必由其道至，然后接之：非其道则避之，故礼恭，而后可与言道之方。辞顺，而后可与言道之理，色从，而后可与言道之致。故未可与言而言，谓之傲；可与言而不言，谓之隐；不观气色而言，谓瞽。故君子不傲、不隐、不瞽，谨顺其身。百发失一，不足谓善射；千里跬步不至，不足谓善御；伦类不通，仁义不一，不足谓善学。学也者，固学一之也。一出焉，一入焉，涂巷之人也；其善者少，不善者多，全之尽之，然后学者也。君子知夫不全不粹之不足以为美也，故诵数以贯之，思索以通之，为其人以处之，除其害者以持养之。使目非是无欲见也，使口非是无欲言也，使心非是无欲虑也。及至其致好之也，目好之五色，耳好之五声，口好之五味，心利之有天下。天见其明，地见其光，君子贵其全也。

### 解氏（家族代表人解修纪）族谱

解氏族谱为世系图，始祖解（讳）荣福，至2020年传至十二世。

殷陈庄村族谱
摄于 2020 年

# 村庄建设

## 村落布局

中华人民共和国成立前，殷陈庄村以殷家沟（现工业南路）为界分为殷家庄和陈家庄两个自然村落，总面积 4650 亩，村落布局不规则，道路多为狭窄小巷。殷家庄西南角有菩萨庙，庄内有 300 余年古槐 1 株；陈家庄前街中段有大牌坊，庄北有玉皇台。1959 年，两村合并为殷陈生产大队。1984 年，殷陈庄村进行第一次新村规划，村落布局渐趋合理，村内有南北、东西大街各 4 条。2010 年开始旧村改造，至 2018 年，殷陈庄村已建成建筑面积 43 万平方米的现代化高层楼区。2020 年，殷陈庄村耕地面积为 1651 亩。

20 世纪 60 年代
殷陈庄村面貌
回忆图
王兵　绘

建于 20 世纪 70 年代的知青楼

20 世纪 80 年代殷陈庄村村委会大门

2000 年前殷陈庄村胡同

2009 年殷陈庄村一角

随着社会经济快速发展，村域土地逐渐被征用，村北有济南钢铁厂，东南有中建八局、黄河石料厂、菜鸟物流项目，村南有济南炼油厂、鲍山党建文化广场，村西有山东水文地质队、东郊粮库等。

2009年建成的
殷陈小区（东区）
摄于2020年

2018 年建成的殷陈小区（新区）内景
摄于 2020 年

殷陈小区（新区）
南门
摄于 2020 年

殷陈小区（新区）
内景
摄于 2020 年

殷陈小区（新区）
内景
摄于 2020 年

殷陈小区（新区）
内景
摄于 2020 年

殷陈小区（新区）道路
摄于 2020 年

殷陈小区（新区）内景
摄于 2020 年

## 民居

20世纪70年代前，殷陈庄村民居多为独立四合院，土石、砖木结构，以三间北屋为正房，地基与檐头均高于其他房屋。北屋两头为耳房（俗称小北屋）。东西两侧为厢房，其中一独立间为厨房（俗称小东/西屋）。南屋三间与北屋相对。南屋两头为大门与栏圈。根据所处街道的位置确定东南门或西南门，门窗南北相对或东西相对，院落为长方形。

1978年，村委会研究决定年满18周岁的男性村民，可申请宅基地1处。1983年，济南市建委农房办公室发文，决定实施新农村建设。1984年，殷陈庄村进行第一次新村规划，统一标准宅基地（169平方米）。村民自行修建住房，独立院落，砖混结构，有三分之二房屋建成二层楼房，共有民居500余套。村内有南北大街4条，宽8米；东西大街4条，宽4米，村民院落4户一排。

2010年7月，殷陈庄村开始旧村改造，项目规划用地177.45亩，总建筑面积约43万平方米［含住宅楼14栋（25层4栋；27层6栋；33层4栋）、地下车库、幼儿园及活动中心等］，住宅楼分60、80、100、120、140、160平方米6种户型。2018年2月，安置完成。2020年，在殷陈新小区西门建党群服务中心（含党建政务中心、幸福文明中心和民生保障中心），建筑面积800平方米。

2010 年前殷陈庄村民居

小区绿化
摄于 2020 年

殷陈庄村民活动中心

摄于2020年

建设中的鲍山党建文化广场

摄于2020年

## 基础设施

### 道路

1968年，殷陈庄村南土路整改为砂石路面，东至将山石料厂，西至工业南路，全长约2千米，宽约6米。1985年，殷陈庄村北街整改为沥青路面，东至鲍山西侧，西至工业南路，全长约1.5千米，

殷陈小学外景
摄于 2020 年

宽约 4 米。1997 年，对殷陈庄村内所有路面进行整改，完成道路硬化、美化，改善路面排水，同期在村内主大街安装路灯 70 余盏。

## 供水

1979 年起，村内铺设自来水管道，其中一处源头为原村冰糕厂院内深井，设两个压力罐；另一处源头是鲍山南坡深井，主管道为铸铁管，长约 2 千米，入户管道为 PVC 管道。

### 供电

1959年，从殷陈庄村北济钢加工厂接电入村进户。1963年，从东郊变电站架设高压线路进村，配160千伏安德国制造变压器1台。1973年，进行电网升级改造，从义蒋线架设高压线入村，新增200千伏安变压器1台。1980年，家家户户安装电表。1975—2010年，新增315千伏安变压器2台、500千伏安变压器3台，生产生活用电得到保障。2018年回迁安置后，采用供电局临时用电，市电在接入过程中。

### 桥涵

1956年，在殷家庄与陈家庄之间，修建2座“跃进桥”，均为长12米、宽6米的双孔石桥，两桥平行，相隔300米。

### 环卫设施

1985年，修建5～10平方米的垃圾池10个。2010年旧村改造，至2018年回迁安置后，新小区住宅楼各单元门口均配设分类垃圾桶3个，东小区每栋楼东、西侧配设分类垃圾桶3个，定时清运。

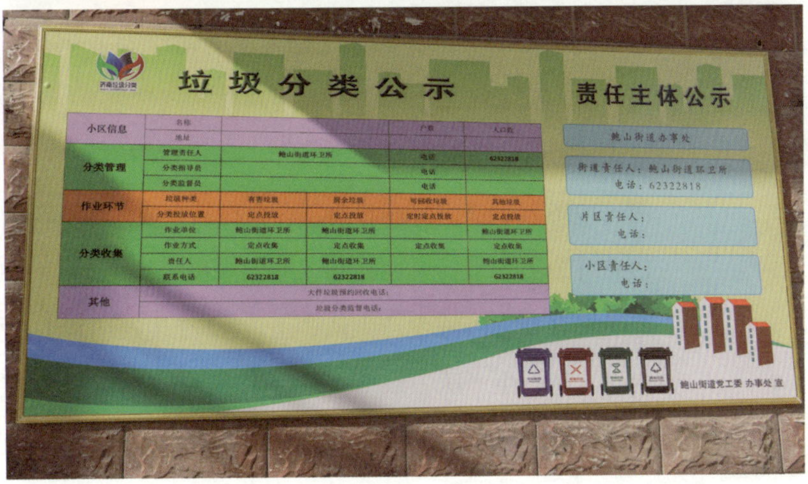


垃圾分类
摄于 2020 年

# 经济发展

## 农业

中华人民共和国成立前，殷陈庄村有耕地 4575 亩，多为台地、坡地，土层薄，不抗旱，土壤肥力低，主要种植谷子、高粱、大豆等耐旱作物。正常年景粮食亩产百余斤。

1952 年，殷家庄、陈家庄成立互助组，殷家庄 1 个，陈家庄 2 个。1954 年，殷、陈两村先后成立初级农业生产合作社，殷家庄 2 个，陈家庄 2 个。初步改进耕作方式和农具，改老式八寸木耧为六寸木耧，改两年三作为一年一作，适当增加小麦、玉米种植比例。1956 年，殷、陈两村与王舍人村联合成立高级农业生产合作社。1958 年 9 月，殷、陈两村编入东郊人民公社第 16 营。1959 年，殷、陈两村合并为殷陈生产大队，下设 12 个生产队。生产资料归公社、生产大队、生产队三级所有，以生产队为核算单位，建立起以生产资料公有制和按劳分配为基本特征的农村经济制度，逐步恢复社员"自留地"。同期，大力开展农田基本建设，垦荒、整平土地，并根据地域特点，进行种植调整山坡旱地种红薯，亩产 4000 余千克。村边水浇地种小麦、玉米。至 1978 年，共整平土地 3000 余亩，同时不断更换良种，施行套种、间作，合理密植，由一年一作改为一年两作。

1983年，实行家庭联产承包责任制，为适应机械化作业，实行统一耕种，合理密植，改小麦套种玉米为灭茬直播，两作两收，粮食产量也大幅度提高，年亩产800千克。

农田灌溉　1963年，安装2台大型水泵从殷家沟铁矿废弃的矿坑下抽水，同时修建500米水泥渠道，灌溉农田。1966年春，在殷陈庄村西北角建成连环井引水工程，挖直径5米的水井3眼，井底相连，同时修建水渠3千米，建渡槽2个、涵洞5个，往鲍山、将山引水灌溉土地。1967年，聘请原历城县水利局钻井队在盘龙山北坡果园打1眼机井。1968年，在将山北坡打机井2眼。1975年，成立钻井队，至1980年共打机井24眼，并分别配建300～600立方米的蓄水池，农田灌溉问题基本解决。

肥料施用及病虫害防治

肥料施用。20世纪60年代以前，村民普遍使用传统农家肥。60年代以后，开始使用化肥，其中氨水含氮量高，极易挥发，运输需专用器具，并建氨水池贮存，20世纪70年代后不再使用。20世纪80年代始，使用无机磷肥、尿素、复合肥、磷酸二铵、碳酸氢铵等肥料。

虫害防治。中华人民共和国成立前，蝗灾时有发生，村民用扑打、驱赶、土埋等方法进行防治，效果较差。中华人民共和国成立后，中央及各级地方政府大力消灭蝗源，积极推广农药防治，蝗灾得到有效遏制。20世纪60年代，黏虫有不同程度发生，采用“滴滴涕”“六六六”等农药防治，危害减轻。蚜虫严重发生可造成小麦减产3～5成，20世纪70年代开始用乐果防治。玉米螟虫害发生时用

“六六六”粉拌毒沙，灌叶芯以减轻危害，20 世纪 70 年代用辛硫磷防治虫害。

病害防治。小麦病害主要是黑粉病，用农药拌种，基本根除。小麦锈病，用石硫合剂喷雾防治，后选用抗病品种，病害得到控制。20 世纪 80 年代前，叶斑病是玉米的主要病害，后采用套种方法，不断更换抗病品种，叶斑病得到控制。谷子黑穗病、白发病和地瓜黑斑病、烂根病，均通过更换新品种得到有效控制。

农机具

耕耙机具。20 世纪 50 年代以前，以畜力牵引木犁大耙进行耕作。20 世纪 50 年代中期，引进 7 寸步犁、双轮双铧犁农具。20 世纪 60 年代中期，村集体先后购置 7 马力手扶拖拉机 3 台，有 4 个生产队各购买 7 马力手扶拖拉机 1 台。进入 20 世纪 70 年代后，村里又陆续购置泰山 50 马力拖拉机 2 台，75 马力链轨拖拉机、25 马力拖拉机、12 马力小四轮拖拉机各 2 台，各生产队也陆续购置 12 马力小四轮拖拉机，平均每队 1 ~ 3 台。20 世纪 80 年代初，村里购买 80 马力、55 马力拖拉机各 2 台，各生产队统一购入 25 马力拖拉机 13 台，相应的耕、耙机具陆续配备齐全。

播种机具。20 世纪 50 年代以前，采用传统的双腿 8 寸木耧，砘轱辘。20 世纪 50 年代后期，将 8 寸耧改为 6 寸耧。20 世纪 60 年代，用四垅播种机。20 世纪 70 年代，各生产队都购置与 12 马力、25 马力拖拉机相匹配的新型播种机。

20 世纪 80 年代前使用的部分老式农具

浇灌机具。20 世纪 50 年代末，购置多部链式水车，用提水灌地代替以前的人工担水浇地。60 年代初期，在原殷家沟铁矿废坑上安装大型水泵抽水灌溉土地。60 年代中期，在村北挖土井 3 眼，并安装大型水泵、修建水渠灌溉土地。60 年代末至 80 年代初，先后钻 24 眼深井，安装深井泵，基本解决了农田灌溉问题。

运输工具。农业合作化以前，运输工具多为人力、畜力拉车、木轱辘大车；农业合作化时期采用胶轮马车。20 世纪 60 年代后期，主要运输工具为地排车，同期村里与各生产队都先后购置拖拉机。到 20 世纪 80 年代初期，有各种拖拉机 200 余台，并都配置挂斗。实行家庭联产承包责任制以后，村民陆续购买各种运输车辆。

脱粒机具。20 世纪 60 年代以前，主要是靠人工、畜力和原始工具脱粒。60 年代中后期，村里先后购置小型小麦脱粒机、玉米脱粒机 20 余台。70 年代中期，各生产队先后购置小麦玉米脱粒机 45 台。

粮食加工机具。传统的粮食加工工具是石磨、石碾、筛、箩等，靠人力或畜力推拉石磨、石碾，经加工后食用。20 世纪 50 年代末期，在村西的东郊变电站附近修建电磨坊，安装 125 型磨面机加工粮食。60 年代初，村内通电后将电磨迁入村中，并陆续购置碾米机、磨面机、小钢磨粉碎机等多种设备，实现粮食加工机械化。

## 林果业

1964年，村集体在村南坡建果园，占地220余亩，主要种植苹果、桃、葡萄。20世纪70年代，苹果年产60余万千克，品种主要是“金帅”，多销往江南地区。80年代，在鲍山脚下新建果园，占地80余亩，主要种植“红富士”苹果。全村果园面积达310亩。1983年，实行家庭联产承包责任制，果园由村民承包。

建于20世纪60年代的果园
摄于2020年

## 矿业

20 世纪 50 年代前，殷陈庄村从事矿业者较多，主要有采石、石灰窑、木工、运输等行业，因资源丰富、品质好，采石加工尤其兴盛，其时有小采石场 12 家，石匠 100 多人；石灰窑 6 家，从业人员 50 多人；运输业 20 家，从业人员 40 多人；木器铺 3 家，木匠 70 余人。全村涌现出谢润河等多名能工巧匠。

60 年代后，集体企业发展加快，石料加工、运输、农机修配、食品加工等行业兴起，集体收入增加，从业人员有数百人。

1969 年，成立将山石料厂，主要生产块石、石子等，供应济南钢铁厂及济南各大建筑工地。20 世纪 70 年代末，年收入百万余元，成为殷陈庄村支柱产业，带动殷陈庄村运输业发展。20 世纪 80 年代，年均开采近 3400 立方米，最高年产值 170 余万元，全村有各种运输车 200 余辆。

2005 年停止开采的
将山一角
摄于 2020 年

## 工业　建筑业

20 世纪 80 年代初期，村办集体企业兴起，先后建起预制构件厂、砖厂、铆焊厂、建筑队、拔丝厂、激光铆焊厂、发卡厂、化工厂等 10 余家企业。

20 世纪 80 年代初期，民营企业发展壮大，规模较大者有鲍山新型建材厂，占地 1700 平方米；历城合作花砖厂，占地 2300 平方米；预制构件厂，占地1860平方米，主要生产花砖、花格及各种预制件。另有济南市永顺机械设备租赁有限公司，占地 2500 平方米；济南市鲍西实业总公司运输三队，占地 1300 平方米。

80 年代末，将花砖个体企业集中于飞跃大道两侧生产经营，西至工业南路，东至水泥厂宿舍片区。至 90 年代初，近 30 家花砖个体户在该地建厂，形成花砖一条街，占地总面积约 3 万平方米，年产值1000余万元，花砖等产品销往鲁北及河北南部。随着产业调整，至 2020 年，全村民办企业仅剩历城合作花砖厂 1 家。

花砖厂一角
摄于 2020 年

## 商业　服务业

中华人民共和国成立前，殷陈庄村有一条章丘通往济南城区的老官道，沿街有马车店、酒店、理发店、扎彩铺、烧饼铺、馒头坊、熟食铺、饭店、油坊、豆腐坊、磨坊、黑白铁加工维修等店铺15家。规模较大的有陈洪藻马车店、武洪酒店。

由于靠近省城，到济南经商、打工、学徒者较多，20世纪50年代，村民在济南城里经营的商铺达10余家，在城里做学徒、打工的人员有100余人。

20世纪80年代始，村集体陆续成立冰糕厂、综合商店、福利建材商店、鲍西饭店等。2004年，因工业南路拓宽改建，全部停业拆除。

20世纪90年代殷陈庄村沿街商业楼

建设中的菜鸟
物流园
摄于 2020 年
▼

## 集体经济

自中华人民共和国成立至1959年，殷陈庄村无集体经济收入。1960—1980年，殷陈庄村主要收入来源是将山石料厂和果园，村集体经济收入逐年递增，其中1960—1970年，集体经济年收入10万~30万元；1970—1980年，集体经济年收入30万~80万元。20世纪80年代后，集体经济与个体经济共同发展。1980—1990年，村集体经济年收入达到80万~180万元。1990—2000年，以发展个体经济为主，村集体经济年收入减少，为70万~80万元。2000年，村两委将未征用土地收回，集体流转。2000—2010年，村集体经济年收入约为120万元。2010年，城中村改造，新增土地租赁收入。2010—2020年，村集体年收入最高时约230万元。

## 村民收入

中华人民共和国成立前，殷陈庄村民以种地为生，基本上无其他收入。中华人民共和国成立后，随着农业生产的发展，村民生活安定，生活水平逐步提高，农业实行集体化后，村民靠挣工分，很少有副业收入。1949—1959年，人均年收入为30~80元。成立殷陈大队以后，村民收入有所提高。1960—1980年，村民年收入逐年递增，由80元增长到150元。20世纪80年代后，个体私营企业增多，1980—1990 年，村民年收入由 150 元增至 2200 元。1990 年后，个体经济快速发展，村民年收入约为 6000 元。2010—2020 年，人均年收入 8500 ~ 25000 元。

# 社会事业

## 教育

私塾　清咸丰年间，陈永修设义塾授徒自给，学生考中秀才 1 名。中华人民共和国成立前，陈家庄陈文贞、解庆广、解文藻、刘振河、章江，殷家庄李兴武、韩文奎、韩毓声等人均办过私塾，然就读者较少。

扫盲教育　中华人民共和国成立后，全村开展扫盲运动，办起多个扫盲识字班，到 1953 年，全村脱盲，村民看书、读报、写信、记工分等均能满足需要。进入 20 世纪 80 年代后，村民重视文化教育，家庭成员无文盲，学龄儿童无辍学，适龄子女完成九年义务教育。

幼儿园　20 世纪 60 年代，村设托儿所 3 处。70 年代，在村小学旁建幼儿园。1982 年 9 月，幼儿园招生范围扩大，分小、中、大 3 个年龄班，使用教育部统编教材。1985 年，建成第一座幼儿教学楼，建筑面积 904 平方米，活动场地 1254 平方米，教学设施齐全，有教师 7 人。1988 年 10 月，李翠香、解宝玲、刘忠华、孙玉梅分别被评为历城区幼儿一级教师、二级教师，李翠香被评为济南市“托幼工作先进个人”。

20 世纪 90 年代
殷陈庄村幼儿园
大门

幼儿园课间活动
摄于 2020 年

幼儿园早课
摄于 2020 年

1998年，殷陈庄村幼儿园被区教委评为历城区合格幼儿园。2000年，被评为济南市二类幼儿园。2003年升为一类幼儿园，同年被济南市教育局评为济南市托幼工作先进单位。2010年开始旧村改造，借用侯家村一处闲置房屋作为临时幼儿园。2019年春，殷陈新小区内设华英博雅幼儿园，建筑面积3500平方米，有教师29人、幼儿174人。

小学　1935年，国民政府在陈家庄前街区公所后院设立公办完全

20世纪80年代
殷陈小学一角

20世纪80年代
殷陈小学正门

小学，学生年龄参差不齐，实行混班教学。中华人民共和国成立后，村民韩文奎在自家设义塾，后随着学生增多，将教室迁至庄西菩萨庙西屋，教授一至四年级课程。中华人民共和国成立后，殷陈小学并至王舍人完全小学，设 2 个混合班。1963 年，殷陈小学迁至原殷家沟铁矿宿舍旧院。1967 年，在工业南路以西（原殷家庄、陈家庄之间）新建小学，面积约 1600 平方米，办公室、活动室、操场等教育设施齐全。1968 年，由初级小学升级为完全小学，有教职工 20 余人。

2017 年建成殷陈小学（内景）
摄于 2020 年

小学课堂
摄于 2020 年

1984年，在殷陈小学原址进行升级改造，新校占地面积16.8亩，建筑面积3254平方米，主建筑为2层楼房，能容纳15个班级、700多人，有教职工30余人。2008年，小学教学楼设有实验室、计算机室（配计算机45台）、图书阅览室（图书1700多册），操场面积6722平方米，音乐、舞蹈、体育器材等教学设施完善，被济南市教育局指定为外来务工子女定点学校。2014年，因旧村改造，殷陈小学迁至济钢体育场。2017年，迁回新建校舍，学校占地34.5亩，建筑面积1.3万平方米，教室35间，各种功能室50间，有教职工45人、学生800余人。

殷陈庄村小学生在村内就读，初中生到济南市第十八中学学习，高中生分别到各区属高中就读。2020年，全村有入园幼儿180人，小学生355人，初中生318人，高中生275人。至2020年，全村考上本科以上学生123人。

## 1950—2020年殷陈庄村本科及以上人员一览表

表5

| 姓名 | 性别 | 出生年月 | 原毕业学校 | 录取院校及专业 | 录取时间 | 工作单位 | 备注 |
|---|---|---|---|---|---|---|---|
| 孙善福 | 男 | 1934.4 | | 青岛工学院 | 1950 | 山东省地质局 | 已故 |
| 陈起孔 | 男 | 1929 | | 北京石油学院 | 1952 | 新疆石油管理局克拉玛依炼油厂 | 退休 |
| 李金鼎 | 男 | 1930 | | 清华大学 | 1953 | 济南炼油厂技工学校 | 已故 |
| 谢润艮 | 男 | 1930.11 | | 山东师范学院，中文系 | 1954 | 淄博市第十九中学 | 已故 |
| 谢吉友 | 男 | 1934.11 | | 山东建材学院 | 1954 | 山东水泥厂 | 已故 |
| 章文郁 | 男 | 1933 | | 山东林学院 | 1954 | | 退休 |
| 孙善佐 | 男 | 1934 | | 山东师范学院，音乐系 | 1954 | 淄博市第四中学 | 退休 |
| 李金鼐 | 男 | | | 哈尔滨工业大学 | | | 退休 |
| 谢吉尧 | 男 | 1938 | | 北京北方工业大学，政治系 | 1960 | 济南市第七职专 | 退休 |
| 韩丕刚 | 男 | 1939.1 | | 山东机械工业学院 | 1960 | 济南化肥厂 | 已故 |
| 陈起尧 | 男 | 1940.12 | 济南市第十八中学 | 中国人民解放军哈尔滨军事工程学院 | 1961 | 解放军某部 | 退休 |
| 解修乾 | 男 | 1939 | | 曲阜师范学院，中文系 | 1961 | 济钢中学 | 已故 |
| 李明仁 | 男 | 1942.4 | | 山东煤矿学院 | 1961 | 大众日报社 | 退休 |
| 孙善蓉 | 女 | 1942 | | 山东师范学院 | 1962 | 山东省济南市幼儿师范学校 | 退休 |
| 孟庆远 | 男 | 1943 | | 北京气象学院 | 1965 | | 退休 |
| 孟宪文 | 男 | 1956.2 | | 华南工学院 | 1977 | 中国人民公安大学 | 退休 |

续表 5

| 姓名 | 性别 | 出生年月 | 原毕业学校 | 录取院校及专业 | 录取时间 | 工作单位 | 备注 |
|---|---|---|---|---|---|---|---|
| 谢呈红 | 女 | 1970.1 | 济南第十八中学 | 华东理工商贸学院，会计学 | 1989 | 山东弘振工程咨询 | |
| 陈长洪 | 男 | 1983.1 | 历城二中 | 青岛科技大学，信息工程 | 2002 | 山东瑞宁信息技术股份有限公司 | |
| 李克鹏 | 男 | 1983.12 | 历城五中 | 武汉体育学院，民族传统体育专业 | 2002 | 山东现代学院 | |
| 李红超 | 男 | 1979.12 | 山东师范大学附属中学 | 山东大学，旅游管理 | 2003 | 山东建筑大学交通工程学院 | 硕士 |
| 王玉民 | 男 | 1984.11 | 历城二中 | 山东经济学院，工商管理 | 2003 | 个体 | |
| 郭婷婷 | 女 | 1985.1 | 历城四中 | 聊城大学，思想政治教育 | 2003 | 山东英才学院 | |
| 张　峰 | 男 | 1983.1 | 历城二中 | 德州学院，思想政治教育 | 2003 | 山东英才学院 | |
| 韩培群 | 男 | 1985.11 | 历城五中 | 山东警察学院，治安 | 2004 | 济南市公安局网警支队 | |
| 韩　鹏 | 男 | 1985.9 | 济南一中 | 山东警察学院，刑事侦查 | 2004 | 济南市看守所 | |
| 杜有林 | 男 | 1984.6 | 历城二中 | 山东农业大学，法学 | 2004 | 山东省大舜文化研究会 | |
| 韩　鑫 | 男 | 1987.1 | 山师附中 | 济宁医学院，药学 | 2005 | 齐鲁制药 | |
| 戴志强 | 男 | 1987.3 | 山师附中 | 西安电子科技大学，电气工程自动化 | 2005 | 广州汇通电子科技有限公司 | |
| 谢丽娟 | 女 | 1985.8 | 山东省实验中学 | 山东建筑大学，环境工程 | 2005 | 水发指挥产业公司 | |
| 李明昌 | 男 | 1984.8 | 济钢高中 | 中北大学，自动化 | 2005 | 个体 | |

续表 5

| 姓名 | 性别 | 出生年月 | 原毕业学校 | 录取院校及专业 | 录取时间 | 工作单位 | 备注 |
|---|---|---|---|---|---|---|---|
| 解宝民 | 男 | 1982.5 | 山东省实验中学 | 西安建筑科技大学，市政工程 | 2005 | 中天泰和国际勘察院有限公司 | 硕士 |
| 解竹君 | 女 | 1988.1 | 历城四中 | 山东艺术学院，环境艺术设计 | 2006 | 济南市历城区童星幼儿园 | |
| 孔振兴 | 男 | 1985.4 | 郓城实验中学 | 武汉科技大学，冶金工程 | 2006 | 济钢集团国际工程技术有限公司 | |
| 聂升晶 | 男 | 1987.5 | 山东省实验中学 | 中国石油大学，石油专业（国防生） | 2006 | | |
| 孙　波 | 男 | 1986.11 | 章丘一中 | 山东农业大学，水利土木工程 | 2006 | 山东联诚电力工程有限公司 | |
| 李明盛 | 男 | 1988.5 | 济钢高中 | 山东经济学院，电子商务 | 2007 | 历城区鲍山街道 | |
| 李　晖 | 女 | 1987.4 | 济南一中 | 山东经济学院，会计学 | 2007 | 济南百联商业管理有限公司 | |
| 谢呈东 | 男 | 1988.12 | 历城五中 | 德州学院，会计学 | 2007 | 山东省建设建工装饰装潢有限公司 | |
| 韩丕莹 | 女 | 1990.3 | 山师附中 | 山东轻工学院，行政管理 | 2008 | | |
| 李　静 | 女 | 1985.7 | 山东省实验中学 | 曲阜师范大学，思想政治教育 | 2008 | 山东新里程教育 | 硕士 |
| 王　莹 | 女 | 1990.1 | 济钢高中 | 山东财经大学，国际经济与贸易 | 2008 | 济南卓艺数字科技有限公司 | |
| 李　浩 | 男 | 1987.8 | | 山东省委党校，法律 | 2008 | 山东凯迪坤驰汽车销售服务有限公司 | |

续表 5

| 姓名 | 性别 | 出生年月 | 原毕业学校 | 录取院校及专业 | 录取时间 | 工作单位 | 备注 |
|---|---|---|---|---|---|---|---|
| 彭　倩 | 女 | 1989.12 | 历城一中 | 曲阜师范大学，生物工程 | 2008 | 中审众环会计师事务所 | |
| 韩易恒 | 男 | 1990.6 | 历城一中 | 德州学院，数学与应用数学 | 2009 | 济南市历城区唐官小学 | |
| 武玉琳 | 男 | 1990.11 | 历城二中 | 济宁医学院，应用心理学 | 2009 | 长城润滑油山东分公司 | |
| 陈　婷 | 女 | 1990.8 | 历城二中 | 曲阜师范大学，历史 | 2009 | 北京思学通有限公司 | |
| 李　强 | 男 | 1985.10 | 济南一中 | 上海财经大学，证券投资 | 2009 | 光大证券 | |
| 戴兴江 | 男 | 1991.1 | 济北高中 | 济南大学，电气自动化 | 2010 | 将军集团 | |
| 解　群 | 女 | 1991.11 | 历城二中 | 济南大学，金融学 | 2010 | 济南市历城区港沟岩棚小学 | |
| 武婷婷 | 女 | 1991.9 | 济北中学 | 济南大学，国际贸易 | 2010 | 平安普惠公司 | |
| 孙　凯 | 男 | 1989.8 | | 山东体育学院，运动训练 | 2010 | 个体 | |
| 解殿振 | 男 | 1990.5 | 历城二中 | 济南大学，土木工程 | 2010 | 耘耕物语商贸有限公司 | |
| 赵宗慧 | 女 | 1992.2 | 济北中学 | 山东建筑大学，网络工程 | 2010 | 山东源鲁信息科技有限公司 | |
| 陈如意 | 男 | 1990.8 | 济南三中 | 山东财经大学，公共管理 | 2010 | 济南顺丰快递 | |
| 韩丕龙 | 男 | 1988.3 | 济北中学 | 山东大学，建筑工程 | 2011 | 天津环力建筑安装有限公司 | 硕士 |
| 解　丛 | 女 | 1992.12 | 山东省实验中学 | 曲阜师范大学，英语（师范类） | 2011 | | |
| 赵玉冰 | 男 | 1992.3 | 济钢高中 | 山东建筑大学，给排水工程 | 2011 | 中建安装集团有限公司 | |

续表 5

| 姓名 | 性别 | 出生年月 | 原毕业学校 | 录取院校及专业 | 录取时间 | 工作单位 | 备注 |
|---|---|---|---|---|---|---|---|
| 刘雪真 | 女 | 1992.12 | 历城二中 | 青岛理工大学，工程管理 | 2011 | 山东博科建筑工程有限公司 | |
| 陈鲁健 | 男 | 1992.4 | 历城二中 | 山东财经大学，信息管理与信息系统 | 2011 | 浪潮 | |
| 王　海 | 男 | 1993.3 | 山东省实验中学 | 青岛理工大学，通讯与电子信息工程 | 2011 | 北京兴奥德泰科技有限公司 | |
| 李经纬 | 男 | 1993.11 | 山东省实验中学 | 曲阜师范大学，电子信息科学与技术 | 2012 | 济南朴新教育科技有限公司 | |
| 高　斌 | 女 | 1988.6 | 历城二中 | 曲阜师范大学，英语 | 2012 | 无 | 硕士 |
| 徐鹏飞 | 男 | 1994.1 | 历城二中 | 山东科技大学，行政管理 | 2012 | 历城区鲍山街道 | |
| 武玉蓉 | 女 | 1994.1 | 历城一中 | 菏泽学院，网络工程 | 2012 | 山东金现代公司 | |
| 徐　涛 | 男 | 1989.9 | 济钢高中 | 东北大学，机械工程 | 2012 | | 硕士 |
| 李　振 | 男 | 1993.1 | 历城四中 | 山东艺术学院，动画 | 2012 | 个体 | |
| 武玉龙 | 男 | 1994.2 | 历城二中 | 山东建筑大学，城市地下空间工程 | 2012 | 中建八局第二建设有限公司 | |
| 李　晓 | 女 | 1994.2 | 历城二中 | 山东师范大学，数学与应用数学 | 2012 | 济南第六十八中学 | |
| 邸月明 | 女 | 1994.6 | 历城二中 | 山东师范大学，计算机科学与技术 | 2012 | 济南卷烟厂 | |
| 杨钦钊 | 男 | 1993.7 | 吉林公主岭一中 | 北华大学，网络工程 | 2012 | 北京滴滴公司 | |
| 章成进 | 男 | 1996.11 | 济南一中 | 武汉传媒学院，影视摄影与制作 | 2012 | 个体 | |

续表 5

| 姓名 | 性别 | 出生年月 | 原毕业学校 | 录取院校及专业 | 录取时间 | 工作单位 | 备注 |
|---|---|---|---|---|---|---|---|
| 李　鑫 | 女 | 1996.2 | 历城四中 | 曲阜师范大学，教育学 | 2013 | 济南市历城区凤鸣学校 | |
| 陈倩倩 | 女 | 1994.1 | 历城四中 | 临沂大学，教育 | 2013 | 爱顿教育培训学校有限公司 | |
| 曹文东 | 女 | 1994.12 | 历城二中 | 海南大学，物联网工程 | 2013 | 个体 | |
| 王　静 | 女 | 1996.1 | 历城一中 | 山东女子学院，计算机科学与技术 | 2014 | 山东新里程教育 | |
| 李克磊 | 男 | 1995.12 | 历城一中 | 山东警察学院，经侦 | 2014 | 济南市公安局高新分局 | |
| 张文静 | 女 | 1995.12 | 济南一中 | 德州学院，数学与应用数学 | 2014 | 济南第六十八中学 | |
| 章成欣 | 男 | 1995.9 | 济南一中 | 山东交通学院，无机非金属材料科学与工程 | 2014 | 中建五局 | |
| 章　瑞 | 男 | 1996.1 | 历城五中 | 山东师范大学，数字媒体艺术 | 2014 | 浪潮集团 | |
| 刘烨 | 女 | 1997.2 | 济南市第一中学 | 吉林大学，播音与主持艺术 | 2015 | 中见商务咨询（海南）有限公司 | |
| 李明明 | 男 | 1995.12 | 山东省实验中学 | 山东中医药大学，护理学 | 2015 | 郑老师教育 | |
| 陈亚梅 | 女 | 1997.1 | 章丘四中 | 山东管理学院，财务管理 | 2015 | 个体 | |
| 李雪梅 | 女 | 1991.2 | 山东省实验中学 | 北京协和医学院，肿瘤学 | 2016 | 山东省肿瘤医院 | 硕士 |
| 韩志伟 | 男 | 1998.7 | 历城一中 | 北华航天工业学院，微电子科学与工程 | 2016 | 在校学生 | |

续表 5

| 姓名 | 性别 | 出生年月 | 原毕业学校 | 录取院校及专业 | 录取时间 | 工作单位 | 备注 |
|---|---|---|---|---|---|---|---|
| 解　瑞 | 女 | 1991.10 | 历城二中 | 韩国汉阳大学，机械融合工程 | 2016 | 山东现代学院 | 硕士 |
| 武玉发 | 男 | 1998.12 | 历城一中 | 中国矿业大学，化学工程与工艺 | 2016 | 在校学生 | |
| 刘正军 | 男 | 1998.8 | 历城一中 | 山东建筑大学，道路桥梁与渡河工程 | 2016 | 北京市政山东分公司 | |
| 武颖颖 | 女 | 1995.1 | 山师附中 | 中国海洋大学，软件工程 | 2016 | 山东联通济南分公司 | 硕士 |
| 杨钦毅 | 男 | 1998.6 | 历城一中 | 山东建筑大学，土木工程 | 2016 | 中建二局 | |
| 刘孝寅 | 男 | 1998.2 | 历城二中 | 烟台大学，自动化 | 2016 | 自由职业 | |
| 段振颖 | 女 | 1997.12 | 山东省实验中学 | 山东建筑大学，工业设计 | 2016 | 山东奥太电气有限公司 | |
| 孙靖超 | 男 | 1998.2 | 历城一中 | 山东中医药大学，针灸康复 | 2016 | 在校学生 | |
| 武玉琪 | 女 | 1999.8 | 历城一中 | 山东财经大学，经济统计 | 2017 | 在校学生 | |
| 武国栋 | 男 | 1999.5 | 济南三中 | 山东农业工程学院，机械电子工程 | 2017 | 在校学生 | |
| 韩艳茹 | 女 | 1995.2 | 济钢高中 | 英国谢菲尔德大学，教育学 | 2017 | 郑州市郑东新区智慧岛国家大数据综合试验区管理委员会 | 硕士 |
| 赵玉宇 | 女 | 1994.11 | 济钢高中 | 华东理工大学，药学 | 2017 | 齐鲁制药 | 硕士 |
| 韩令峰 | 男 | 1999.9 | 历城二中 | 山东师范大学，计算机科学与技术 | 2017 | 在校学生 | |
| 韩令昊 | 男 | 2000.4 | 历城二中 | 中国科学技术大学，化学专业 | 2018 | 在校学生 | |

续表 5

| 姓名 | 性别 | 出生年月 | 原毕业学校 | 录取院校及专业 | 录取时间 | 工作单位 | 备注 |
| --- | --- | --- | --- | --- | --- | --- | --- |
| 刘雪龙 | 男 | 2000.5 | 历城二中 | 中国矿业大学，国际经济与贸易 | 2018 | 在校学生 | |
| 解宝琦 | 男 | 1999.11 | 历城二中 | 哈尔滨工业大学，电气工程与自动化 | 2018 | 在校学生 | |
| 韩淑娟 | 女 | 2000.1 | 山东省实验中学 | 东北林业大学，木材科学与工程 | 2018 | 在校学生 | |
| 钱　鹏 | 男 | 1999.9 | 山东省实验中学 | 青岛理工大学，土木工程 | 2018 | 在校学生 | |
| 谢兆鹏 | 男 | 1999.11 | 济钢高中 | 滨州学院，英语 | 2018 | 在校学生 | |
| 侯　发 | 男 | 1998.8 | 济南二中 | 齐鲁师范学院，汉语言文学 | 2018 | 在校学生 | |
| 杨　婷 | 女 | 2000.2 | 山师附中 | 临沂大学，软件工程 | 2018 | 在校学生 | |
| 李芃雨 | 女 | 1999.11 | 历城二中 | 鲁东大学，生物制药 | 2018 | 在校学生 | |
| 韩奥宇 | 男 | 2000.9 | 历城二中 | 山东财经大学，工程管理 | 2019 | 在校学生 | |
| 冯　源 | 女 | 2001.1 | 历城二中 | 山东师范大学，会计学 | 2019 | 在校学生 | |
| 钱心如 | 女 | 2000.12 | 济钢高中 | 山东师范大学，中国语言文学 | 2019 | 在校学生 | |
| 解宇辰 | 女 | 2001.6 | 济南旅游学校 | 四川音乐学院，视觉传达设计 | 2019 | 在校学生 | |
| 付宸锐 | 男 | 1996.3 | 山东省实验中学 | 北京航空航天大学，先进制造 | 2019 | 在校学生 | 博士在读 |
| 谢兆雨 | 男 | 1995.1 | 洪楼高中 | 山东工艺美术学院，数字媒体技术 | 2019 | 在校学生 | |
| 谢奕旻 | 男 | 2002.7 | 山东省实验中学（东校） | 青岛工学院、金融工程 | 2020 | 在校学生 | |

续表 5

| 姓名 | 性别 | 出生年月 | 原毕业学校 | 录取院校及专业 | 录取时间 | 工作单位 | 备注 |
|---|---|---|---|---|---|---|---|
| 张李冉 | 女 | 2001.12 | 历城二中 | 绍兴文理学院、书法学（师范） | 2020 | 在校学生 | |
| 武玉瑾 | 女 | 2002.1 | 历城一中 | 山东师范学院，物理学 | 2020 | 在校学生 | |
| 李　欣 | 女 | 1997.5 | 济钢高中 | 南昌航空大学，资源与环境 | 2020 | 在校学生 | 硕士在读 |
| 韩甜甜 | 女 | 1997.3 | 济南一中 | 辽宁大学，药理学 | 2020 | 在校学生 | 硕士在读 |
| 武德强 | 男 | 2002.4 | 山东省实验中学 | 上海师范大学，机械设计与自动化 | 2020 | 在校学生 | |
| 武国梁 | 男 | 1999.5 | 济南二中 | 临沂大学，土木工程 | 2020 | 在校学生 | |
| 陈基阳 | 男 | 1997.1 | 历城二中 | 江西服装学院，电子商务 | 2020 | 在校学生 | |
| 韩钱玉 | 女 | 2001.9 | 历城二中 | 济南大学，新闻传播 | 2020 | 在校学生 | |
| 武玉璐 | 男 | 2001.2 | 济南一中 | 中国石油大学胜利学院，材料成型及控制工程 | 2020 | 在校学生 | |
| 李佳霖 | 男 | 2002.3 | 历城二中 | 潍坊学院，通信工程 | 2020 | 在校学生 | |

## 体育健身

中华人民共和国成立前，殷陈庄村主要有举硕子、撂碌碡、摔跤、跳绳、踢毽子等健身娱乐活动。1963 年，李明仁、钱宝贞、韩培纪、武光君、曹新章、章文明、曹洪烈、韩治家、孙学诚等组成业余乒乓球队，多次参加全县范围内的友谊比赛，曹新章曾在东郊公社举行的比赛中获得男子单打亚军。1967 年，殷陈小学操场安装篮球架，村民李大林、韩丕亮、孟庆明、韩丕利、解修德、谢吉孔、曹洪友等组成业余篮球队，曾两次在王舍人镇举办的篮球比赛中获得冠军，1977 年、1978 年在历城县篮球比赛中均获得冠军。1985 年，张长德带头成立殷陈庄村老年门球队，队员有数十人，曾获镇、区级比赛冠军，市级比赛第五名。1991 年，由李洪生担任殷陈庄村门球队队长，多次带领队员参加济南市百队门球赛，曾获季军和第六名。2010 年，旧村改造开始后，门球场拆除，团队解散。

20 世纪 80 年代
殷陈庄村民做广
播体操

20 世纪 80 年代
殷陈门球队

20 世纪 80 年代
殷陈篮球队

殷陈庄村太极
（拳、剑）表演队
摄于 2020 年

## 医疗卫生

医疗　1950年以前，殷、陈二村没有医疗机构，村民到附近的韩仓、曲家村就医诊病。1950年后，村民到位于王舍人村的历城县试验卫生院（历城县人民医院）就医看病。1963年，东郊卫生院在殷陈庄村设立殷陈门诊。1966年，村妇代会组织男女青年10余人到公社卫生院接受卫生防疫培训，回村后分到各生产队担任卫生员，负责发放防疫药品、打预防针等。1967年，殷陈生产大队成立卫生室，医护人员有张祯荣、钱宝贞。1969年，殷陈生产大队实行免费医疗，村民可在村卫生室免费治病，并与济南市立第三人民医院签订合作协议，殷陈庄村民的住院费由大队统一结算，村集体承担费用的70%，个人承担30%，年底结算时从生产队扣除。同年，成立中草药种植加工组，谢吉泉、韩文奎、谢吉祥、武光奎等负责种植，品种有大青叶、花草红、元胡、党参等10余种，加工的中药有三黄丸、香砂养胃丸、苦胆黄豆散等10余种。

1995年，村集体为村民缴医保费每人50元，住院报销比例为30%。2006年，新农合缴费标准提高，村集体为村民缴费每人100元，住院报销比例提高至30%～45%，同时，村集体对患重大疾病住院的村民一次性补贴3000元。2010年后，城镇居民享受政府医疗补贴政策，居民每年缴纳200元可享受住院医疗费50%～70%的报销，住院期间只支付个人应缴部分。

20 世纪 90 年代
殷陈村卫生室

防疫　中华人民共和国成立前，霍乱、麻疹、天花、疟疾、白喉、伤寒等传染病时有发生，因医疗条件差，许多流行性疾病难以预防和治疗。20 世纪 50 年代，通过开展爱国卫生运动、除“四害”运动，环境卫生大为改观，村民逐步树立卫生防疫观念，形成良好的卫生习惯，加之有计划地进行防疫、疫苗接种，多数传染性流行疾病得到控制。

1975 年，殷陈庄村儿童暴发急性乙型病毒性肝炎，党支部紧急安排 2 处房屋作临时病房，以卫生室为主导开展隔离治疗，购买药物熬制茵陈大枣汤、大青叶汤等中药，进行防治，避免了疫情蔓延。

2003 年，“非典”疫情期间，严格控制外来人员，安排专人每日对公共区域消毒，并于各街口设立消毒点，宣传抗击“非典”知识。全村无一人感染。

2020 年 1 月，武汉暴发新型冠状病毒肺炎疫情。为做好全村防疫，殷陈庄村迅速成立新型冠状病毒肺炎疫情防控工作领导小组，村党支部书记谢呈波任总指挥，村两委成员分组包靠东小区、新小区及西小区，开展防疫防控工作。严格采取居家隔离和个人防护措施，减少人员流动，限制人员串门、聚餐，提倡勤洗手、戴口罩等生活习惯。突发公共卫生事件应急响应期间，出入小区人员进行测温登记、消毒，排查租房人员、外出返乡人员，多渠道宣传防控。每日 2 次进行公共区域消毒杀菌，为村民团购口罩，安排专人为居家村民采购、配送日用品，每日上报疫情排查统计数据等，有效地防控疫情，全村无感染病例。

## 文化娱乐

殷陈庄村文化生活历来丰富多彩，春节、元宵节期间均有龙灯、高跷、彩船、秧歌、腰鼓等节目表演。中华人民共和国成立后，成立业余剧团，利用农闲排练吕剧、话剧、京剧、五音戏等经典剧目，多次应邀参加专场、巡回演出。1955 年，殷陈庄村组织的“建设灯”表演（由 54 块几何图形组成，表演时每人 1 块，可以变换各种组合），绚丽多彩、阵容宏大，在济南地区产生广泛影响。

“文化大革命”期间，村文艺青年成立毛泽东思想文艺宣传队，排演以革命历史、阶级斗争为题材的吕剧、样板戏、山东琴书、快板等节目。90 年代初，殷陈庄村自发成立由 30 余名票友组成的百花剧社，表演《打渔杀家》《苏三起解》《沙家浜》《智取威虎山》《红灯记》等经典戏剧片段。

20 世纪 90 年代殷陈
业余吕剧团演出

20 世纪 90 年代
殷陈秧歌队

2006 年文艺演出

殷陈夕阳绽放
舞蹈队
摄于 2020 年

殷陈开心姐妹
健身队
摄于 2020 年

进入 21 世纪，群众生活质量不断提升，业余时间增多，对文化生活的需求越来越高，各种文艺活动日趋活跃，卡拉 OK、广场舞等文化活动兴起。2005 年，殷陈庄村建成老年活动中心。村民陈忠义开办书画教学班，培养一批书画爱好者。

2020 年，殷陈庄村设立幸福文明中心，为村民提供活动场所和展示平台，开通“殷陈频道”，建立“殷陈小区网站”，开通“鲍山殷陈频道”微信公众号。村民在百度搜索“殷陈频道”即可进入自己小区网站，实时了解党务、政务、村务及殷陈信息。中心配备专业虚拟演播室、录音棚和摄影区，村民参加中心组织的舞台演出、社区节目编排和录制，充分展示才艺。中心和小区广场分别配备智慧、有声图书馆，方便村民借阅。中心受到上级党委、政府以及社会各界的关注。

## 社会保障

低保　2001 年，殷陈庄村落实农村低保政策，对全村符合低保条件的户进行调查摸底，提出建议名单，召开村民代表会议表决，张榜公示后报民政部门审核。确定低保户 15 户，低保人口 17 人，每人每月发放保障金 208 元，全年发放 42432 元。2019 年，全村排查低保户 11 户，低保人口 13 人，每人每月发放保障金 494 元。2020 年，全村无低保户。

新型农村养老保险　2011 年始，实行新型农村养老保险政策，殷陈庄村 60 周岁以上村民不用缴费即可按月领取基础养老金，每人每月领取50元，至2020年底，每人每月可领取147元。未满60周岁的村民，可根据养老保险参保政策自愿选择300～5000元不同档次缴纳。2020年，总投保费19.62万元。其中，年缴300元的477人，缴款总额为14.31万元；年缴500元的11人，缴款总额为5500元；年缴600元的1人，缴款总额为600元；年缴1000元的9人，缴款总额为9000元；年缴2000元的5人，缴款总额为1万元；年缴3000元的1人，缴款总额为3000元；年缴5000元的5人，缴款总额为2.5万元。

社会保险　2011年，对未享受城镇职工基本养老保险待遇的村民，符合参保条件的参保缴费；距领取年龄不足15年的，按年缴费，允许补缴，累计缴费不超过15年；距领取年龄超过15年的，按年缴费，累计缴费不少于15年。养老保险金按缴纳基数发放。

五保户　1966年始，殷陈庄村先后对11户五保户进行供养，派专人为其买米、面并做饭，对病重的老人日夜守候。2017年，村内最后一名五保老人杨桂芳由村委会出资，转入王舍人镇敬老院。

失地养老保险　2017年，殷陈庄村落实失地养老保险政策。2018—2020年，分4批为村内被界定为集体经济组织成员的村民缴纳失地养老保险2300余万元，村民个人承担20%。

村民福利　1994年，开始给60岁以上老人每月发放20元养老金，1998年提高至40元，2007年提高至60元。80岁以上的老人重阳节时每人补贴100元。2010年起，每年为65岁以上老人免费体检一次。2014年，村卫生室为村民建立健康档案，每季度为60岁以上老人测血压、血糖。

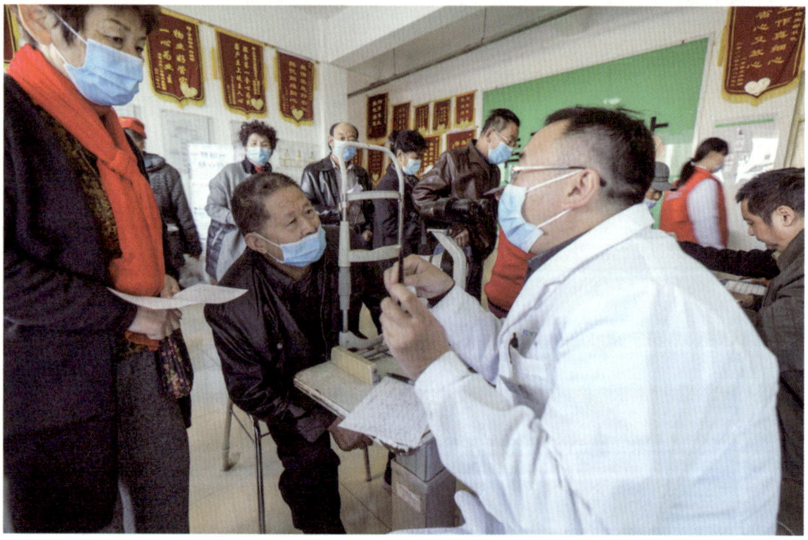

老年人体检
摄于 2020 年

优抚　对于军烈属及荣复转退军人，除按照国家政策规定优抚外，还结合全村的具体情况进行优抚工作，如优先安排国家招工，在村内安排工作等。春节前召开军烈属座谈会，为军烈属挂光荣牌、贴春联、打扫卫生、送慰问品等。

助残、救助　1985 年，殷陈庄村对残疾人在村内安排力所能及的工作。对患有重大疾病和因意外事故生活困难的村民进行救济，对特困户发动党员干部、村办企业捐助帮扶，春节时为特困户发放生活用品。

社会服务　2020 年，设民生保障中心，将法律咨询、纠纷调解、家政养老、医疗保健、教育咨询等资源进行整合，为村民提供衣食住行等便利服务。整合社会力量，组建志愿者服务队，为居民无偿提供医疗义诊、困难帮扶等各类公益服务。村内设应急指挥室和社区管理服务中心，对社区实行 24 小时安全管理。

殷陈庄村便民服务站
摄于 2020 年

幸福时光
摄于 2020 年

美好生活
摄于 2020 年

欢乐家庭
摄于 2020 年

# 组织机构

## 中共组织

1950—1958年，殷、陈两村先后有10人加入中国共产党。1959年，成立殷陈庄村党支部，王好镇为第一任书记，到2020年先后有4人担任支部书记，全村有党员147名。

中共殷陈庄村历届党组织成员一览表

表6

| 书记 | 副书记 | 委员 | 任职时间 |
|---|---|---|---|
| 王好镇 | 杨长河 武 鑫 李明仁 李树平 | 刘凤池 武 刚 解庆良 王克商 李连香 | 1959—1979年 |
| 李树平 | 武 鑫 陈世经 韩治荣 解修德 | 李连香 武仁斋 杨玉山 韩崇声 解修敬 李际乾 | 1980—1997年 |
| 解修德 | 陈世经 李际乾 韩青声 谢吉孔 | 韩治荣 谢呈玉 解宝明 李大林 张洪琴 李金伟 | 1998—2013年 |
| 谢呈波 | 李大林 | 谢吉孔 张洪琴 谢呈龙 解宝明 李金伟 | 2014—2020年 |

殷陈庄村中共党员情况表

表7

| 姓名 | 性别 | 出生年份 | 入党时间 |
|---|---|---|---|
| 韩家高 | 男 | 1930 | 1949.5 |
| 李兴玉 | 男 | 1929 | 1950.6 |

续表 7

| 姓名 | 性别 | 出生年份 | 入党时间 |
|---|---|---|---|
| 陈锡禄 | 男 | 1930 | 1952.8 |
| 李连香 | 女 | 1937 | 1954.7 |
| 仇立芬 | 女 | 1937 | 1955.12 |
| 杜有富 | 男 | 1937 | 1964.7 |
| 韩治祥 | 男 | 1940 | 1965.10 |
| 李际厚 | 男 | 1945 | 1966.6 |
| 谢吉珍 | 男 | 1943 | 1966.10 |
| 章文明 | 男 | 1944 | 1967.2 |
| 李兴仁 | 男 | 1946 | 1969.3 |
| 韩建生 | 男 | 1948 | 1969.7 |
| 刘灿水 | 男 | 1949 | 1969.7 |
| 李树平 | 男 | 1948 | 1970.3 |
| 解修义 | 男 | 1945 | 1972.2 |
| 杨士俊 | 女 | 1944 | 1972.2 |
| 解修安 | 男 | 1942 | 1972.2 |
| 武光连 | 男 | 1951 | 1973.3 |
| 武大水 | 男 | 1948 | 1974.11 |
| 武光祥 | 男 | 1949 | 1975.4 |
| 何光才 | 男 | 1935 | 1975.7 |
| 韩洪声 | 男 | 1954 | 1975.8 |
| 韩鹤声 | 男 | 1952 | 1975.8 |
| 韩治荣 | 男 | 1948 | 1975.9 |
| 韩丕福 | 男 | 1951 | 1975.10 |
| 周元秀 | 女 | 1956 | 1976.1 |
| 解修敏 | 男 | 1954 | 1976.11 |
| 张大祥 | 男 | 1948 | 1977.1 |
| 韩丕荣 | 男 | 1951 | 1977.3 |

续表 7

| 姓名 | 性别 | 出生年份 | 入党时间 |
| --- | --- | --- | --- |
| 陈士刚 | 男 | 1953 | 1977.7 |
| 李显明 | 男 | 1956 | 1978.1 |
| 李金柱 | 男 | 1955 | 1978.8 |
| 王茂胜 | 男 | 1957 | 1978.9 |
| 李士敬 | 男 | 1958 | 1979.10 |
| 解宝平 | 男 | 1957 | 1979.12 |
| 谢吉孔 | 男 | 1961 | 1981.10 |
| 李兆勤 | 女 | 1956 | 1982.1 |
| 陈世经 | 男 | 1945 | 1982.2 |
| 韩崇声 | 男 | 1959 | 1982.6 |
| 韩青声 | 男 | 1953 | 1983.3 |
| 孟庆荣 | 男 | 1960 | 1983.4 |
| 谢吉贞 | 男 | 1943 | 1984.7 |
| 韩丕亮 | 男 | 1947 | 1984.12 |
| 刘忠臣 | 男 | 1955 | 1985.5 |
| 韩培贞 | 男 | 1965 | 1985.7 |
| 解修忠 | 男 | 1965 | 1986.1 |
| 谢呈军 | 男 | 1967 | 1986.1 |
| 戴兴旺 | 男 | 1949 | 1986.4 |
| 韩建民 | 男 | 1964 | 1986.5 |
| 解宝柱 | 男 | 1964 | 1987.5 |
| 刘厚明 | 男 | 1951 | 1987.7 |
| 李明亮 | 男 | 1954 | 1987.11 |
| 李兴智 | 男 | 1956 | 1987.11 |
| 解修敬 | 男 | 1952 | 1987.12 |
| 解修恩 | 男 | 1956 | 1988.7 |
| 孟庆福 | 男 | 1967 | 1988.10 |

续表 7

| 姓名 | 性别 | 出生年份 | 入党时间 |
| --- | --- | --- | --- |
| 赵维海 | 男 | 1957 | 1989.6 |
| 张新江 | 男 | 1964 | 1989.7 |
| 李秀兰 | 女 | 1952 | 1989.9 |
| 杨庆海 | 男 | 1966 | 1989.10 |
| 解宝兵 | 男 | 1969 | 1990.1 |
| 李传明 | 男 | 1971 | 1990.10 |
| 杨庆忠 | 男 | 1968 | 1990.10 |
| 李显民 | 男 | 1969 | 1991.10 |
| 杨为强 | 男 | 1972 | 1992.11 |
| 解宝明 | 男 | 1974 | 1993.7 |
| 解宝滨 | 男 | 1963 | 1993.10 |
| 解宝才 | 男 | 1969 | 1994.7 |
| 郭立东 | 男 | 1975 | 1995.6 |
| 武大岐 | 男 | 1975 | 1995.10 |
| 章　建 | 男 | 1959 | 1996.12 |
| 韩喜声 | 男 | 1955 | 1997.4 |
| 李　强 | 男 | 1976 | 1997.6 |
| 谢呈玉 | 女 | 1952 | 1997.7 |
| 武大祥 | 男 | 1950 | 1997.7 |
| 武贵花 | 女 | 1962 | 1997.7 |
| 解宝鑫 | 男 | 1976 | 1997.11 |
| 韩振忠 | 男 | 1956 | 1997.12 |
| 章成栋 | 男 | 1971 | 1998.4 |
| 刘玉良 | 男 | 1972 | 1998.6 |
| 解宝军 | 男 | 1969 | 1998.6 |
| 赵书云 | 女 | 1967 | 1998.6 |
| 谢呈祥 | 男 | 1952 | 1998.7 |

续表 7

| 姓名 | 性别 | 出生年份 | 入党时间 |
|---|---|---|---|
| 韩丕松 | 男 | 1978 | 1998.11 |
| 李大林 | 男 | 1959 | 2000.1 |
| 张洪琴 | 女 | 1958 | 2000.1 |
| 谢吉顺 | 男 | 1955 | 2000.1 |
| 孙效伟 | 男 | 1957 | 2000.9 |
| 张玉岐 | 男 | 1980 | 2001.10 |
| 毕卫庆 | 男 | 1980 | 2002.7 |
| 陈长洪 | 男 | 1983 | 2002.7 |
| 陈建柱 | 男 | 1959 | 2002.7 |
| 李翠香 | 女 | 1956 | 2002.7 |
| 刘　冰 | 男 | 1980 | 2002.10 |
| 武玉彬 | 男 | 1978 | 2002.12 |
| 李金伟 | 男 | 1983 | 2003.6 |
| 李　力 | 男 | 1984 | 2003.10 |
| 陈忠峰 | 男 | 1983 | 2004.4 |
| 刘智慧 | 女 | 1982 | 2004.6 |
| 李　峰 | 男 | 1982 | 2005.5 |
| 解宝东 | 男 | 1984 | 2005.7 |
| 张　敏 | 女 | 1983 | 2005.12 |
| 孙先祯 | 男 | 1979 | 2005.12 |
| 李　栋 | 男 | 1983 | 2006.9 |
| 武玉玺 | 男 | 1986 | 2006.10 |
| 王玉民 | 男 | 1984 | 2007.6 |
| 解宝民 | 男 | 1982 | 2007.7 |
| 陈　磊 | 男 | 1986 | 2007.8 |
| 杨　军 | 男 | 1971 | 2007.12 |
| 李红经 | 男 | 1987 | 2008.3 |

续表 7

| 姓名 | 性别 | 出生年份 | 入党时间 |
|---|---|---|---|
| 解宝玲 | 女 | 1964 | 2008.6 |
| 陈衍斌 | 男 | 1964 | 2008.10 |
| 谢呈凯 | 男 | 1988 | 2008.10 |
| 王　杰 | 女 | 1987 | 2008.12 |
| 杨明明 | 男 | 1988 | 2009.6 |
| 韩丕龙 | 男 | 1988 | 2009.11 |
| 梁开坤 | 男 | 1988 | 2009.12 |
| 董瑞红 | 女 | 1971 | 2009.12 |
| 杨　蓉 | 女 | 1987 | 2009.12 |
| 韩振浩 | 男 | 1988 | 2010.11 |
| 李　晖 | 女 | 1987 | 2010.11 |
| 陈　林 | 男 | 1990 | 2010.11 |
| 谢呈波 | 男 | 1975 | 2010.12 |
| 王大伟 | 男 | 1987 | 2010.12 |
| 李　丹 | 女 | 1987 | 2010.12 |
| 陈忠良 | 男 | 1974 | 2011.3 |
| 谢　倩 | 女 | 1990 | 2011.6 |
| 谢宛霓 | 女 | 1990 | 2011.6 |
| 张　洁 | 女 | 1987 | 2011.6 |
| 李克鹏 | 男 | 1983 | 2011.12 |
| 赵留明 | 男 | 1989 | 2012.1 |
| 赵维合 | 男 | 1969 | 2013.6 |
| 谢呈龙 | 男 | 1987 | 2014.6 |
| 陈　蕾 | 女 | 1992 | 2014.6 |
| 陈汝鑫 | 男 | 1995 | 2014.10 |
| 高裕志 | 男 | 1993 | 2014.10 |
| 刘思佳 | 女 | 1992 | 2014.11 |

续表 7

| 姓名 | 性别 | 出生年份 | 入党时间 |
|---|---|---|---|
| 韩艳茹 | 女 | 1995 | 2014.12 |
| 高 斌 | 女 | 1988 | 2014.12 |
| 解 瑞 | 女 | 1991 | 2014.12 |
| 曹 萍 | 女 | 1995 | 2015.12 |
| 武玉蓉 | 女 | 1994 | 2016.3 |
| 曹克骏 | 男 | 1995 | 2016.6 |
| 杨钦利 | 男 | 1996 | 2016.6 |
| 杨春晓 | 男 | 1996 | 2016.8 |
| 韩林晓 | 男 | 1993 | 2016.11 |
| 王 静 | 女 | 1996 | 2017.11 |

## 村政组织

1952 年，殷、陈两村成立 3 个互助组，殷家庄 1 个、陈家庄 2 个，各设组长 1 人。1954 年，殷、陈两村先后成立初级农业生产合作社，殷家庄 2 个，陈家庄 2 个，各设社长 1 人。1956 年，殷、陈两村与王舍人村联合成立高级农业生产合作社，取名城关社，社长 1 人。1958 年 9 月，殷、陈两村编入东郊人民公社第 16 营，设营长 1 人、下设连长 3 人。1959 年，成立殷陈生产大队，下设 12 个生产队。1967 年，成立革命委员会。1969 年，成立新革命委员会，12 个生产队合为 6 个排。1970 年，撤销军事化管理，6 个排分为 11 个生产队。1979 年，大队组织恢复。1984 年，设村民委员会，村民委员会每届任期 3 年。

殷陈庄村政组织任职人员一览表

表 8

| 主任 | 副主任 | 委员 | 任职时间 |
|---|---|---|---|
| 韩治荣 | 杨玉山 | | 1984—1986 年 |
| 解修德 | 韩崇声　李连香　谢吉孔　谢呈玉 | | 1987—2006 年 |
| 谢呈波 | | 李大林　李金伟　张洪琴　解宝明 | 2007—2020 年 |

殷陈庄村监督委员会任职人员一览表

表 9

| 主任 | 委员 | 任职时间 |
|---|---|---|
| 谢吉孔 | 李树平　孙宝生　杜富生　李际汉　谢呈明　杨庆林　李世民 | 2015—2017 年 |
| 李大林 | 杨庆林　李际汉　孙宝生　章文福　谢呈祥 | 2018—2020 年 |

## 群团组织

共青团　1953 年，成立共青团殷陈庄村支部委员会，刘士英任第一任团支部书记，1966 年团支部停止工作，1969 年团组织活动恢复。至 2020 年，先后有 10 人任团支部书记，每届任期 2 ~ 3 年。

殷陈庄村共青团组织任职人员一览表

表 10

| 书记 | 任职时间 |
|---|---|
| 刘士英 | 1959—1962 年 |
| 李明仁 | 1963—1964 年 |
| 王善成 | 1965—1966 年 |
| 武大河 | 1971—1973 年 |

续表 10

| 书记 | 任职时间 |
|---|---|
| 李树平 | 1974—1975 年 |
| 孟宪文 | 1976—1977 年 |
| 韩秀霞 | 1978—1982 年 |
| 解修德 | 1983—1990 年 |
| 章德贞 | 1991—1994 年 |
| 刘玉良 | 1995—2015 年 |
| 解宝明 | 2016—2019 年 |
| 谢呈龙 | 2020— |

妇代会　1958 年，成立妇代会，梁元英为第一任主任，到 2020 年先后有 5 人任妇代会主任。妇代会主要职责是计划生育工作，组织农忙托儿所、照顾五保老人、组织妇女儿童体检、组织“三八妇女节”活动，培养卫生员，发展庭院经济，文明村创建工作，搞好卫生建设等。

殷陈庄村妇代会任职人员一览表

表 11

| 主任 | 任职时间 |
|---|---|
| 梁元英 | 1958—1967 年 |
| 范秀英 | 1968—1969 年 |
| 李连香 | 1970—1996 年 |
| 谢呈玉 | 1996—2008 年 |
| 张洪琴 | 2009—2020 年 |

民兵　1950 年，殷、陈二村均成立民兵自卫队，刘言忠、韩家

友分别为殷家庄、陈家庄第一任民兵队长（1963 年后称“连长”）。至 2020 年，殷陈庄村先后有 11 人任民兵连长。1972 年，殷陈民兵连被评为“济南市民兵工作先进单位”。

农民协会　1949 年，成立陈家庄农民协会，组织领导贫下中农维护全村治安、宣传《中国土地法大纲》、学习党的土地改革政策。开展土地改革运动等。1958 年，人民公社化后，农民协会停止活动。

贫农协会　1963 年，殷陈庄村成立贫农协会，配合党和政府，开展思想教育工作，同时开展“四清”运动。中共十一届三中全会后，贫协积极宣传改革开放，推动家庭联产承包责任制的实施贯彻。1979 年，贫农协会撤销。

人民调解委员会　1963 年，设立人民调解委员会，调解家庭、邻里等民间矛盾纠纷。2004 年底，殷陈庄村人民调解委员会被济南市司法局评为“优秀人民调解委员会”。

# 管理制度

## 党员管理

中共殷陈庄村党组织自建立起，十分重视自身建设，特别是中共十一届三中全会后，为保持党的先进性和提高执政能力，殷陈庄村党组织进一步加强组织建设、思想建设和作风建设，并制定一系列规章制度以规范党员的组织生活。

制度建设

三会一课制度

1. 每月召开一次支部委员会（党总支），由支部书记主持。主要内容是学习党的路线、方针、政策，讨论研究决定重大事项，总结部署工作，研究党员发展、转正和自身建设问题。

2. 每季度召开一次党员大会，由支部书记或副书记主持。主要内容是学习上级党组织有关文件、传达上级会议精神；通报支部工作情况，听取党员意见和建议，部署工作；讨论通过发展党员、党员转正。

3. 每季度召开一次党小组会，由党小组长主持。主要内容是学习上级党组织有关文件，汇报党员个人思想和工作情况，开展批评与自我批评，酝酿党员发展、转正情况。

4. 每半年进行一次党课，参加人员为全体党员和入党积极分子，授课重点是新时期党在农村的方针、政策；党章、党纪及党的有关知识；邓小平理论、“三个代表”重要思想、科学发展观、习近平新时代中国特色社会主义思想；树立和落实科学发展观和构建和谐社会的理论。

党员议事会制度

1. 党员参政议事会由党支部（党总支）组织、以党小组为单位进行，党员需积极参加。

2. 党员参政议事会每季度召开一次，必要时可随时召开，党支部要认真听取党小组的汇报。

3. 召开议事会时，提前提出议事主题，使每个党员能够深入调查研究，反复思考，充分发挥党员参政议事能力。

4. 议事内容：（1）贯彻落实党的路线、方针、政策，加强自身建设。（2）讨论提出本村规划，公益事业承包合同，重大经济开支。（3）对村民普遍关注的问题，先由党员讨论，统一思想后，提交村民代表大会议定。（4）党支部要定期听取村委会的工作汇报，可在党员会上酝酿讨论。

党员学习制度

1. 党支部（党总支）制订年度学习理论计划，做到学习内容明确，保证每月集中学习时间。

2. 党员要根据支部计划，订出个人学习计划，坚持认真抓好自学，要结合实际学习理论，要在提高自身素质上下功夫。

3. 党支部（党总支）重点抓好毛泽东思想、邓小平理论、“三个代表”重要思想、科学发展观、习近平新时代中国特色社会主义思想学习。同时抓好党的方针、政策的学习，要经常结合工作展开学习。

4. 党支部（党总支）对每次学习的情况都要做好记录，党员要做到学习不迟到、不早退、不无故缺席、因病因事缺席要提前请假，党支部（党总支）主要负责人必须参加党委开展的“述学、评学、考学”活动。

农村党员十条规范

1. 坚决拥护党的纲领，认真学习马列主义、毛泽东思想、邓小平理论、“三个代表”重要思想、科学发展观、习近平新时代中国特色社会主义思想，坚定社会主义信念，模范执行党在农村的各项方针、政策。

2. 严格履行党员义务，服从组织分配，积极参加“主题党日”活动，按时交纳党费。

3. 认真参加组织生活，积极开展思想斗争、对党忠诚老实，不搞宗派、不搞阴谋诡计，自觉维护党的团结统一。

4. 家庭和睦、邻里团结，倾听群众意见，反映群众呼声，维护群众正当权益。

5. 模范遵纪守法，不赌博、不超生、婚丧不大操大办、不搞家族宗派和封建迷信。

6. 维护改革大局，正确处理国家、集体、个人利益之间的关系。

7. 努力学科学、用科学，勤劳致富联户扶贫，帮助群众共同致富。

8. 吃苦在前、享受在后、廉洁自律、不损公肥私。

9. 坚持原则、见义勇为，敢于同不良现象作斗争，自觉维护社

党员学习
摄于 2020 年

会秩序。

10. 积极主动完成党组织交给的各项任务，时时处处起模范带头作用。

外出、外来党员管理制度

1. 党员外出前必须向党支部（党总支）报告，说明外出理由、时间和地址。返回后，要及时汇报外出情况。

2. 凡三名以上集体外出又在同一地点工作的党员，必须建立临时党支部或党小组。凡分散外出六个月以上的，组织关系转往所去单位党支部，从业时间在三个月以上、六个月以下的，一般应开党员证明信，在从业单位参加党组织活动。对外出时间较长、地点不固定的党员，由支委分工负责，定期通信联系，随时了解外出党员的学习、思想、工作情况。

3. 对外来党员按规定转至的组织关系，必须接纳，对持证明信的党员，认真组织他们过好组织生活。

4. 党支部（党总支）对外出、外来党员组织生活、交纳党费等情况要详细记录。外出、外来党员必须自觉遵守党的纪律和国家的政策法规，在不同的岗位上发挥党员的先锋模范作用。

党员电教播放收看制度

1. 实行定点定期播放，保证党员每月集中收看一次电教节目。

2. 实行点名制度，确保党员收看率达 85% 以上。

3. 播放员提前备课，对每次播放内容必须提前知晓，并在播放前对党员进行适当辅导。播放后组织党员对收看内容进行讨论。

4. 认真填写点名册、播放内容登记簿、讨论记录簿和信息反馈簿。

2016年，中共殷陈庄村党组织根据中共中央印发的关于在全体党员中开展“学党章党规、学系列讲话，做合格党员”的学习方案，对“两学一做”非常重视，开展“两学一做”学习教育，明确规定了学习时间、学习内容以及要解决的在党员干部中存在的几大问题：（1）党员理想信念模糊的问题；（2）党员党的意识淡化问题；（3）党员宗旨观念淡薄的问题；（4）党员精神不振、道德行为不端的问题。

对党员实行积分管理，采取定性评价与量化考评相结合的方式，实现党员日常管理服务科学化、精细化，激励广大党员做到政治合格、执行纪律合格、品德合格、发挥作用合格。考核内容主要由日常行为积分和年度评议积分两部分构成，共设置分值100分。其中，日常行为积分（80分），包括日常行为积分和负面扣分两项。

1. 日常行为积分。主要包括参加党的活动、岗位现实表现、参加社会实践三个方面。（1）参加党的活动：根据参加“三会一课”、主题党日活动、各类教育培训等情况积分；（2）岗位现实表现：在年度考核中，被定于“优秀”“称职”，或受村级表彰、受办事处表彰、受区级以上表彰等给予加分；（3）参加社会实践活动的给予相应积分。

2. 负面扣分，主要包括：（1）未经同意，党员缺席应当参加的活动；（2）党员受效能追究或组织处理的；（3）党员受处分；（4）党员不能按时足额交纳党费；（5）党员有其他不良行为的。

年度评议积分（20分）。结合党员年终总结或民主评议进行。对党员大会评议为“优秀”等次的，记20分；“合格”等次的，记

15 分；“基本合格”等次的，记 10 分；“不合格”等次的不记分。

党小组建立党员积分管理台账，由小组长根据党员日常表现情况实时赋分记录，每月一汇总交党支部组织委员审核，每半年一公示，每年一排名，做到动态管理。

## 社区管理

社区宣传、贯彻党的方针政策，宣传国家法律法规。根据街道及市区委、区政府和区综治委的统一部署，协助做好综合治理、城市管理、劳动保障、民政服务、计划生育、环境卫生、食药品安全等工作。

主要工作内容：

社区管理员入户采集基础信息并定期走访、更新数据；定期走访空巢老人、残疾人、孤儿及失业人员家庭，困难、大病及重大事故家庭，失独及单亲家庭，留守老人、儿童及低保家庭，村内威信高的老党员、党员中心户和各类代表家庭，居民志愿服务和新增孕妇家庭等。

社区管理员每日进行安全隐患巡查。发现社区公共设施或市政工程（公用）设施、社区环境、社区管理事务等方面的问题，受理相关群众诉求和反映的问题；操作系统平台（PC 端及手机端）将责任区内所发现的问题或群众诉求、公用设施、区容环境、社区管理事务等方面的问题进行核实、上报、记录；研究社区内公用设施、区容环境、社区管理事务等方面问题的事宜，提出处置方案；调解家庭、邻里、承包、租赁、买卖等矛盾纠纷。

社区管理现场会
摄于 2020 年

管理员晨会
摄于 2020 年

社区管理员对低保户、困难老人和残疾人口登记在案并不定期走访。为辖区内年满65周岁的老人办理老年证，为住在辖区内户口未迁入的居民办理居住证。

社区管理员负责通知有相关问题的责任人和单位，并协助解决问题；核实上级通报的问题，协助责任人处置并反馈处置结果；收集、整理、分析相关信息、数据，提出社区治理优化建议。

## 村民自治

中华人民共和国成立后，中国共产党实行民主决策，村民协商自愿成立农业生产互助组、初级农业生产合作社。1958年，东郊人民公社成立后，实行“一平二调”（平均分配使用，无偿调动劳力，无偿调动财力、物力）管理办法，土地、林木等生产资料和资源归公社所有，财务管理由公社统一负责。1959年，殷、陈二村合并为殷陈生产大队，下设12个生产队，生产资料归公社、生产大队、生产队三级所有，以生产队为核算单位，建立起以生产资料公有制和按劳分配为基本特征的农村经济制度，土地由生产队自主经营，独立核算，自负盈亏，财务亦由生产队负责。大队及生产队年初编制财务收支计划，制定财务管理制度，年末工分、收支、现金分配上榜公开，接受群众监督。生产队管理人员实行民主选举。1984年队改村后，取消“三级所有，队为基础”管理体制，全部实行家庭联产承包责任制。村民委员会负责管理村级事务，建立健全各项规章制度，逐步实行村民会议制度、村民代表会议制度，重要事项由村民委员会召集村民会议或村民代表会议研究决定。1987年始，农村财务管理由原来的“村账村管”转变为“村账镇管”。2013年，根据上级要求，实行农村财务“村账镇管”和“村财镇管”的三资管理制度。2014年始，健全完善村民会议、村民代表会议、村干部管理、财务管理等各项制度，保障村民的知情权、参与权、监督权和决策权，保证村级事务决策公开透明。

### 民主管理

1984年以前，村务管理多变，民主管理制度不健全、不完善。随着队改村管理体制的建立，特别是20世纪80年代末《中华人民共和国村民委员会组织法》实施以后，村内民主管理制度日趋完善。1997年，修订、完善村民代表会议制度。是年始，制定村民自治章程、土地和集体企业等的经营方式及利益分配办法、村民委员会财务收支制度，村民委员会认为需要全体村民筹资筹劳兴办公益事业的“一事一议”方案及村民委员会认为需要提交村民代表会议审议的事项均召开村民代表会议集体研究决定。村民代表以村民小组为单位推选，每10～15户推选产生1人。村民代表的任命与村民委员会成员的任期相同。村民会议由村委会召集，三分之二以上户代表参加，所做决定经全体户代表半数以上通过。至2020年，道路建设、村庄绿化等各项决策均按民主管理规定办理。

殷陈党群服务中心
摄于 2020 年

殷陈社会治理中心
先锋历城
XIAN FENG LI CHENG
殷陈党群服务中心
诚信友善
爱国敬业
公正法治
自由平等
文明和谐
富强民主

民主理财　1953年前，一家一户经营，劳动力使用与调配由经营户户主决定，组内以工换工，无经济账目。1956年始，健全保管责任制，粮食、物资、低值易耗品由专仓保管，专人负责，搭棚架，定点定位，分类存放，使用时须经队长批准或队委会、社员会讨论决定。1994年，殷陈庄村实行民主理财和财务公开制度，成立民主理财小组，每月召开民主理财会，审查当月财务收支情况，将上月财务收支张榜公布，接受群众监督。

2013年，修订完善现金管理、财产管理、收支管理和审批、票证管理、财务公开、财务交接、财会档案等各项制度，现金管理制度严格执行资金代管制度，实行钱账分管，严格审批手续，及时准确地核算现金收入、支出和结存，做到日清月结，账款相符。每年对财产进行一次全面清点，严格执行财务开支制度，经村主任签字审批、村党支部和村委会集体研究、村民代表大会审批通过。村监督委员会对财务收支进行审核，财务公开的内容由报账员、村党支部和村委会负责人、村监督委员会负责人签字，报街道办事处审核后公开。

民主监督　2015年，殷陈庄村设立村监督委员会，监督村民委员会对村事务的管理。修订、完善民主监督制度，凡涉及村民利益或村民关心的事项均纳入监督范围，主要有民主选举、民主决策、民主管理和村务公开4大类。监督推选村民选举委员会、选民登记、推选村民代表、直接提名候选人、候选人竞选、投票选举等过程是否公开、公平、公正；监督决策事项是否符合党的路线、方针、政策和国家法律法规；监督村党支部、村民委员会是否充分发扬民主，依法组织全体村民制定村规民约、村民会议和村民代表会议事规则、管理制度，对群众提出的问题是否及时给予解答并整改纠正，监督其他应监督的事项；监督政务公开、事务公开和财务公开内容是否全面、真实，公开的形式是否实用、有效，公开程序是否规范等。

村规民约　1984 年，殷陈庄村制定《殷陈庄村村规民约》（简称《村规民约》）约束村民行为规范，要求按章程办事。进入 20 世纪后，《村规民约》进行了修改和完善，涉及村级事务、村风民俗、婚姻家庭、村容村貌等内容。

## 精神文明建设

殷陈庄村地处鲍山脚下，村民深受“管鲍之交”影响，诚信至上、崇德向善、睦邻亲友，涌现出许多助人为乐、扶贫济困、敢于担当的好村民。中华人民共和国成立后，社会主义精神文明建设给殷陈庄村带来好家风、好村风。殷陈庄村加强村民思想道德教育，培育和践行社会主义核心价值观，强化教育引导、实践养成、制度保障。在日常生产、生活和水利建设、道路建设、抗灾救灾等各项事业中，广大村民主动捐款捐物，展示出良好精神风貌。

### 爱国爱乡教育

殷陈庄村人自古有爱国爱乡的传统。战争年代，村民踊跃参军、支前，为民族解放贡献力量。中华人民共和国成立后，殷陈人坚持自力更生、艰苦奋斗，踊跃缴纳公粮，参与公益事业，支援抗灾救灾工作。1958 年成立人民公社后，开始进行农田水利基本建设，至 1978 年共整平土地 3000 余亩、投入 50 万人次。1966—1980 年，共钻水井 24 眼。1961 年，全村除足量缴纳公粮之外，还替王舍人公社上交 9.3 万千克红薯干，完成全公社缴纳公粮任务，并支援华山公社 10 万千克红薯干，缓解华山公社粮食危机。1997 年，村民积极配合村内开展街面整改工程，完成道路硬化、美化，改善街面排水工作。

2000年，济南市委市政府实施“一环九射”第四期造绿工程，在工业南路拓宽、绿化过程中，村民积极配合拆除工作，整治村容村貌。2010年开始旧村改造，村民积极配合拆迁，在政府尚未拨付拆迁补偿款的前提下，于20日内基本完成拆迁工作。

## 社会公益活动

中华人民共和国成立后，殷陈庄村参加各种公益活动，每次均圆满完成任务，多次受到上级政府表彰、奖励。

1950—2020年殷陈庄村参加社会公益活动情况表

表12

| 时间 | 活动名称 |
|---|---|
| 1950年 | 参加黄河春修工程；7月黄河出现特大洪峰，全村青壮劳力参加黄河抢险 |
| 1958年 | 黄河遇特大洪峰，全村青壮劳力参加抢险 |
| 1959年 | 参加孟家庄水库工程；同年冬参加济平干渠水利工程 |
| 1961年 | 包缴王舍人公社爱国粮9.3万千克红薯干、支援华山公社10万千克红薯干 |
| 1962年8月 | 参加黄河防汛工程 |
| 1964年 | 参加黄河防汛工程 |
| 1965年5月 | 参加卧虎山水库筑坝工程 |
| 1966年 | 将山石料厂提供石料和人工为历城县大王山（烈士山）烈士陵园修建登山甬道，共计18级 |
| 1969年 | 参加锦绣川水库工程 |
| 1970年 | 参加东郊公社小清河三级提水站工程 |

续表 12

| 时间 | 活动名称 |
| --- | --- |
| 1971—1980 年 | 为历城县遥墙公社提供鲍山南头土地 9.9 亩，用以支援该公社开山取石、烧石灰、开展农田基本建设 |
| 1973 年 | 参加黄河拓宽工程 |
| 1975 年 | 参加黄河春修工程、东郊公社治理鲍山工程 |
| 1976 年 | 参加黄河防汛工程 |
| 1976 年 | 为绣川公社王场、九曲两村安装高压水泵 2 台 |
| 1978 年 | 参加分水岭修大寨田工程 |
| 1978 年 | 为大辛庄幸福柳广场的“幸福柳”修建围栏 |
| 1986 年 | 帮助历城县彩石公社韩家峪整修村内道路、建小学 1 所、打机井 1 眼 |
| 1993 年 | 为新建历城县公安局王舍人派出所提供红砖 50 万块、乱石 200 立方米、石屑 200 立方米 |
| 1994 年 | 为修建历城区法院东郊法庭提供乱石 200 立方米、石屑 200 立方米、红砖 50 万块 |
| 1995 年 | 参加小清河展宽工程 |
| 1995 年 | 为历城县公安局修建看守所提供乱石 200 立方米、石屑 200 立方米 |
| 1995 年 | 为济南市电信局捐献资金 5 万元，帮助建设“电话村” |
| 2008 年 | 汶川地震后，为灾区捐款 3 万余元 |
| 2020 年 | 为抗击新冠肺炎疫情，捐款 51858 元 |

## 2020 年殷陈庄村新冠肺炎疫情防控募捐情况表

表 13　　单位：元

| 姓名 | 金额 | 备注 | 姓名 | 金额 | 备注 | 姓名 | 金额 | 备注 |
| --- | --- | --- | --- | --- | --- | --- | --- | --- |
| 杨士俊 | 100 | | 刘秀华 | 10 | | 谢呈波 | 2000 | |
| 王茂刚 | 100 | | 孟宪勤 | 200 | | 李大林 | 1000 | |
| 解修明 | 50 | | 李树平 | 200 | | 解修德 | 600 | |
| 邓永长 | 100 | | 李克鹏 | 300 | | 张洪琴 | 1000 | |

续表 13

| 姓名 | 金额 | 备注 | 姓名 | 金额 | 备注 | 姓名 | 金额 | 备注 |
|---|---|---|---|---|---|---|---|---|
| 张秀华 | 50 | | 武玉坤 | 100 | | 谢呈龙 | 1000 | |
| 解修红 | 300 | | 韩丕财 | 1000 | | 解宝明 | 1000 | |
| 刘秀红 | 100 | | 李明新 | 100 | | 李金伟 | 1000 | |
| 湛林国 | 100 | | 谢吉奎 | 100 | | 李明声 | 1000 | |
| 章文明 | 100 | | 刘厚明 | 100 | | 许程亮 | 100 | |
| 陈锡禄 | 500 | | 武大胜 | 100 | | 韩平声 | 200 | |
| 李太元 | 100 | | 陈广汉 | 200 | | 解修峰 | 100 | |
| 陈士刚 | 100 | | 陈士夏 | 100 | | 张大祥 | 100 | |
| 曹玉环 | 100 | | 解宝财 | 50 | | 钱大禄 | 100 | |
| 陈忠宝 | 100 | | 李大新 | 100 | | 韩丕林 | 100 | |
| 孙孝伟 | 300 | | 刘　冰 | 200 | | 王　杰 | 100 | |
| 武光祥 | 500 | 全家 | 万宝芳 | 200 | | 李秀兰 | 200 | |
| 曹　萍 | 100 | | 张玉岐 | 200 | | 陈士祥 | 20 | |
| 陈建柱 | 200 | | 韩秋声 | 100 | | 章文福 | 100 | |
| 韩丕亮 | 200 | | 谢呈玉 | 100 | | 韩丕岳 | 100 | |
| 孙学刚 | 100 | | 王学成 | 200 | 万科物业 | 杜福生 | 300 | |
| 杨　洁 | 200 | | 林心宁 | 100 | 万科物业 | 李明亮 | 200 | |
| 解修忠 | 200 | | 赵　旭 | 100 | 万科物业 | 章　建 | 200 | |
| 李俊霞 | 100 | | 杨　璐 | 50 | 万科物业 | 武大水 | 100 | |
| 解宝顺 | 50 | | 杜　会 | 50 | 万科物业 | 谢　峰 | 500 | |
| 陈福来 | 100 | | 赵　苓 | 50 | 万科物业 | 韩洪声 | 100 | |
| 孙圣英 | 300 | | 曲　颖 | 50 | 万科物业 | 赵金荣 | 100 | |
| 赵宗宝 | 100 | | 孙玉青 | 50 | 万科物业 | 解宝柱 | 200 | |
| 谢呈祥 | 200 | | 陈　璐 | 50 | 万科物业 | 武玉玺 | 200 | |

续表 13

| 姓名 | 金额 | 备注 | 姓名 | 金额 | 备注 | 姓名 | 金额 | 备注 |
|---|---|---|---|---|---|---|---|---|
| 韩立迁 | 50 | | 王　力 | 50 | 万科物业 | 李树森 | 50 | |
| 武玉馨 | 200 | | 刘　磊 | 100 | 万科物业 | 韩丕松 | 300 | |
| 陈汝民 | 200 | | 从国庆 | 100 | 万科物业 | 章成进 | 2000 | |
| 武光连 | 200 | | 姜　捷 | 100 | 万科物业 | 解修恩 | 100 | |
| 孙善林 | 50 | | 陈士颜 | 100 | | 李际霄 | 50 | |
| 韩振磊 | 1000 | | 李翠香 | 200 | | 章　亮 | 100 | |
| 赵承忠 | 100 | | 武贵花 | 200 | | 解修策 | 100 | |
| 谢吉孔 | 100 | | 解宝玲 | 200 | | 解　颖 | 100 | |
| 武玉泉 | 100 | | 章宝贞 | 100 | | 赵留明 | 200 | |
| 周星晨 | 200 | | 付加平 | 300 | | 解修义 | 100 | |
| 谢　鹏 | 50 | | 杜福红 | 100 | | 韩青声 | 500 | |
| 王玉民 | 100 | | 赵学成 | 100 | | 解修安 | 100 | |
| 武玉喜 | 100 | | 解修坤 | 100 | | 李宪云 | 100 | |
| 谢呈喜 | 100 | | 解宝平 | 100 | | 李兴玉 | 300 | |
| 曾宪华 | 100 | | 段桂霞 | 100 | | 武大明 | 100 | |
| 李金星 | 100 | | 谢兆波 | 100 | | 解修敏 | 300 | |
| 杨玉池 | 200 | | 武玉琳 | 50 | | 李际厚 | 200 | |
| 刘忠臣 | 200 | | 杨庆林 | 100 | | 赵维合 | 100 | |
| 谢呈山 | 100 | | 韩丕龙 | 100 | | 杨庆海 | 100 | |
| 刘玉良 | 100 | | 武新颜 | 300 | | 未留姓名 | 100 | |
| 解　群 | 100 | | 解修泽 | 100 | | 刘灿水 | 100 | |
| 杨景美 | 100 | | 韩庆声 | 100 | | 韩丕忠 | 100 | |
| 赵永红 | 200 | | 韩建民 | 100 | | 韩　涛 | 100 | |
| 李　颖 | 20 | | 高旭鹏 | 50 | | 韩鹤声 | 300 | |

续表 13

| 姓名 | 金额 | 备注 | 姓名 | 金额 | 备注 | 姓名 | 金额 | 备注 |
|---|---|---|---|---|---|---|---|---|
| 高裕志 | 100 | | 韩崇声 | 200 | | 张新江 | 100 | |
| 孙亚萍 | 300 | | 李太平 | 200 | | 武大祥 | 100 | |
| 陈忠史 | 100 | | 李明伟 | 200 | | 李念山 | 100 | |
| 韩新生 | 100 | | 武大芳 | 100 | | 赵维海 | 300 | |
| 陈基英 | 100 | | 谢吉敏 | 100 | | 陈世经 | 100 | |
| 陈衍斌 | 600 | | 赵书云 | 100 | | 王茂勇 | 100 | |
| 解宝兵 | 200 | | 解宝军 | 100 | | 解宇辰 | 500 | |
| 戴兴旺 | 100 | | 陈 蕾 | 100 | | 解 瑞 | 100 | |
| 杜有富 | 100 | | 陈忠峰 | 100 | | 陈世孔 | 100 | |
| 毕卫庆 | 100 | | 韩丕军 | 50 | | 李家锐 | 100 | |
| 李兴仁 | 500 | | 梁开坤 | 100 | | 王 静 | 100 | |
| 韩振忠 | 100 | | 解宝滨 | 100 | | 高 斌 | 100 | |
| 武玉彬 | 100 | | 陈汝鑫 | 100 | | 李 峰 | 100 | |
| 武玉环 | 100 | | 徐聿青 | 100 | | 李显明 | 100 | |
| 武桂芳 | 100 | | 武玉蓉 | 200 | | 李兴智 | 100 | |
| 韩笑声 | 100 | | 李金柱 | 100 | | 李 力 | 100 | |
| 章成栋 | 100 | | 孙先祯 | 200 | | 韩启今 | 50 | |
| 韩丕荣 | 100 | | 刘金柱 | 100 | | 李 强 | 100 | |
| 谢呈军 | 50 | | 王大伟 | 100 | | 李启斌 | 100 | |
| 谢 倩 | 50 | | 李功泉 | 100 | | 解殿帅 | 100 | |
| 武光寿 | 100 | | 孙圣明 | 100 | | 李际宋 | 100 | |
| 杨庆亮 | 100 | | 陈忠清 | 100 | | 史同志 | 50 | |
| 孟庆明 | 100 | | 陈士胜 | 100 | | 李士敬 | 200 | |
| 张大贵 | 100 | | 周元秀 | 200 | | 韩丕福 | 100 | |

续表 13

| 姓名 | 金额 | 备注 | 姓名 | 金额 | 备注 | 姓名 | 金额 | 备注 |
|---|---|---|---|---|---|---|---|---|
| 李兆勤 | 100 | | 孙宝生 | 200 | | 韩治荣 | 100 | |
| 孟庆福 | 100 | | 李显民 | 100 | | 孟庆荣 | 200 | |
| 赵承来 | 100 | | 陈广清 | 100 | | 陈忠良 | 1000 | |
| 王恩华 | 100 | | 刘廷兰 | 100 | | 刘思佳 | 200 | |
| 杨春晓 | 100 | | 李桂兰 | 100 | | 董姝心 | 300 | |
| 张　敏 | 200 | | 刘厚军 | 100 | | 解殿平 | 100 | |
| 孟　勇 | 20 | | 李金河 | 100 | | 陈忠孝 | 300 | |
| 李念岭 | 50 | | 李金连 | 100 | | 武大香 | 300 | |
| 刘金英 | 100 | | 谢呈涛 | 100 | | 钱宝禄 | 200 | |
| 候慧云 | 100 | | 韩家范 | 50 | | 解宝民 | 100 | |
| 孙孝生 | 100 | | 李红经 | 300 | | 张　洁 | 100 | |
| 武大丽 | 100 | | 孙善祥 | 100 | | 武大贞 | 50 | |
| 孟庆国 | 100 | | 仇立芬 | 30 | | 谢呈凤 | 20 | |
| 武大东 | 100 | | 谢吉顺 | 100 | | 陈世军 | 50 | |
| 武大厚 | 100 | | 谢呈凯 | 100 | | 韩泉声 | 100 | |
| 杜建华 | 500 | | 杨庆义 | 100 | | 谢呈颖 | 300 | |
| 李际汉 | 1000 | | 韩治祥 | 20 | | 韩易恒 | 200 | |
| 王茂忠 | 100 | | 解修法 | 100 | | 李功利 | 100 | |
| 马荣芹 | 300 | | 武大秋 | 100 | | 韩振浩 | 100 | |
| 陈　林 | 200 | | 韩建声 | 200 | | 杨　峰 | 68 | |

## “四德”教育

2007 年，按照中央关于加强社会公德、职业道德、家庭美德、个人品德（简称“四德”）建设的要求，殷陈庄村结合实际，制订“四德”教育方案和“四德”模范创评标准，开展“四德”教育，以“爱心”“诚心”“孝心”“责任心”为主题培育和践行社会主义核心价值观，在全村营造建设和谐家庭、友善邻里乡亲的良好氛围。党员干部率先争当“四德”模范，带动村民树立尊老爱幼、讲文明、懂礼貌、爱环境的农村新风尚。

廉洁教育宣传栏
摄于 2020 年

社会主义核心价值观
教育园地
摄于 2020 年

## 文明新风

### 移风易俗

中华人民共和国成立初，村民有对婚娶丧事大操大办、讲排场、比阔气的问题，并存有算卦等封建迷信活动，打架斗殴、赌博时有发生，1965年后经教育引导，封建迷信活动、打架斗殴、赌博等恶习逐步减少，婚娶丧事从简。随着移风易俗不断推进，村民追求科学、健康、文明的生活方式。20世纪80年代，殷陈庄村成立“红白理事会”，对操办婚事、丧事进行规范。操办婚娶丧事坚持喜事新办、丧事简办，废除陈规陋习，简化程序，不讲排场、摆阔气，做到文明、庄重、节俭。

### 文明风尚

李洪生、赵承圣抢救溺水儿童　1961年盛夏时节的一天，村民李洪生在陈家庄东头水湾边乘凉，忽听湾里有儿童呼救。李洪生看到有孩子落水，二话没说跳下水去，抓住孩子向岸边游。当时路过湾边的村民赵承圣听到呼救，也跳下水去，二人合力将孩子救上岸来。经救治，孩子渐渐恢复意识。事后，被救孩子的父母带着孩子到殷陈庄村酬谢救命之恩，被两人婉言谢绝。

“千日床前有孝子”——解宝鼎、解宝鼐　村民解宝鼎、解宝鼐的父亲患有严重的腰椎间盘增生，生活不能自理；母亲早年患脑血栓，严重残疾，2010年后病情加重，治疗无效成植物人。解宝鼎、解宝鼐及他们的配偶轮流照顾两位老人吃喝拉撒、洗护陪床无不尽心。在近十年的精心照顾下，其母亲身上无异味、无褥疮，直至去世。

王春芳送馒头　村民王春芳在村里开商店，卖烟酒杂货和馒头。2004年春，一个四五岁的男孩到商店买馒头，引起王春芳注意，因不放心，王春芳送孩子回家。经询问得知孩子父亲是山东省安装公司工人，病故不久；孩子母亲患有类风湿病，全身关节变形，长年卧病在床，家庭生活贫困。知道情况后，王春芳告诉孩子以后不用到商店买，她每天会把馒头送到家里。次日起，王春芳每天准时把馒头送至他家，连续2年，从未间断，且分文不收，直至2005年母子二人回老家。山东电视台曾对王春芳的善举进行报道。

孟宪河“五世同堂”　村民孟宪河生于1914年，济南解放前在历城火车站当装卸工人，济南解放后调入济南机车工厂工作至退休。2009年，其玄孙孟令羽、玄孙女孟燕妮（龙凤胎）出生，成为中华人民共和国成立以后殷陈庄村第一个“五世同堂”的家族。孟宪河于2010年去世，其去世前全家有20口人。

## 文明创评

文明户创评　20世纪80年代始，殷陈庄村根据上级要求，制定文明户评选标准和办法，确定把爱党爱国、履行义务、遵纪守法、尊老爱幼、邻里团结、学用科技、勤劳致富、环境卫生、移风易俗等内容作为评选条件，全村各户积极参与，互相比较，互相学习，学优弃劣，共同提高。截至1997年，60%以上的户达到村级文明户标准。

十星级文明户创评　2005年，根据历城区文明委开展争创“十星级文明户”活动要求，殷陈庄村确定爱党爱国、履行义务、遵纪守法、尊老爱幼、邻里团结、学用科技、勤劳致富、环境卫生、移风易俗、计划生育共10个方面的指标，经过村民自评、群众互评、评委评审、党支部和村委会批准等民主评议程序定星挂牌。2005年全村有72户“十星级文明户”，达到总户数的8%。

文明村创建　20世纪80年代开始，殷陈庄村坚持“五讲四美三热爱”活动，把文明户创评、移风易俗、“四德”建设、爱国主义教育、美丽乡村建设、产业发展等纳入文明创建，作为得民心、顺民意、提高村民生活幸福指数的民心工程，采取党员义务活动等形式，带动村民从自身做起、从点滴做起，开展志愿服务，建设文明家园。村民综合素质明显提升，诚实守信、勤俭节约、朴实厚道、善良仁爱成为广大村民的自觉行为。1985年，被济南市东郊区评为全区唯一的文明村。

道德进家活动　中共十一届三中全会后，以文明村创建为重点，加强精神文明建设，开展社会公德、家庭美德教育，在村内进行“好媳妇”“好婆婆”“好妯娌”评选。至2020年，全村先后涌现出“好婆婆”“好媳妇”21人，“好妯娌”30人。

鲍山文明实践
主题公园一角
摄于 2020 年

社会治安综合治理　1996 年 6 月，殷陈庄村委成立社会治安综合治理办公室，聘请法律顾问组成普法教育小组，对村民进行普法教育，以依法治村为主要内容，设立宣传栏。1997 年 3 月，召开村民、党员代表大会，对村容村貌的整治工作作出三年规划，对村内街面进行整改，完成道路硬化、美化，改善街面排水，打造警民共建文明一条街，同年被山东省社会治安综合治理委员会授予“安全文明村”称号。

村委组织开展治安防控工作，做好治安巡逻和执勤，及时预防、控制、发现违法犯罪活动，协助有关部门开展治安安全检查、消除各种治安隐患。不定期开展法制宣传、法律服务、归正人员帮教等活动，预防和减少犯罪。2009 年 2 月被济南市历城区社会治安综合治理委员会评为 2008 年平安历城建设先进基层单位。

殷陈庄村获得荣誉一览表

表 14

| 序号 | 时间 | 荣誉名称 | 授予单位 |
|---|---|---|---|
| 1 | 1997.8 | 安全文明村 | 山东省社会治安综合治理委员会 |
| 2 | 2000.2 | 1999 年精神文明创建先进单位 | 中共王舍人镇委员会<br>王舍人镇人民政府 |
| 3 | 2001.2 | 2000 年“一环九射”造绿工程先进单位 | 中共济南市委、济南市人民政府 |
| 4 | 2001.3 | 村容村貌整治工作先进单位 | 中共历城区王舍人镇委员会<br>历城区王舍人镇人民政府 |
| 5 | 2001.3 | 2000 年度城镇开发及旧村改造先进单位 | 中共历城区王舍人镇委员会<br>历城区王舍人镇人民政府 |
| 6 | 2001.3 | 农村财务管理示范村 | 济南市农业局、济南市财政局 |
| 7 | 2001.3 | 2000 年度引进引办工作先进单位 | 中共历城区王舍人镇委员会<br>历城区王舍人镇人民政府 |
| 8 | 2001.3 | 纳税先进单位 | 中共历城区王舍人镇委员会<br>历城区王舍人镇人民政府 |
| 9 | 2002.2 | 2001 年度发展二、三产业先进村 | 中共济南市历城区委员会<br>济南市历城区人民政府 |
| 10 | 2002.3 | 2001 年度群众性精神文明创建活动先进集体 | 中共历城区王舍人镇委员会<br>历城区王舍人镇人民政府 |
| 11 | 2003.2 | 十大民间艺术村 | 中共王舍人镇党委 王舍人镇人民政府 |
| 12 | 2003.3 | 2002 年度先进党组织 | 中共王舍人镇委员会<br>王舍人镇人民政府 |
| 13 | 2003.9 | 尊师重教先进单位 | 中共王舍人镇委员会<br>王舍人镇人民政府 |
| 14 | 2004.1 | 2003 年度“两退两还”暨发展特色农业先进村 | 中共济南市历城区委员会<br>济南市历城区人民政府 |
| 15 | 2004.2 | 基层创安工作先进单位 | 历城区社会治安综合治理委员会 |
| 16 | 2004.2 | 社会治安综合治理工作先进单位 | 中共历城区王舍人镇委员会<br>历城区王舍人镇人民政府 |
| 17 | 2004.2 | 民政工作先进单位 | 中共历城区王舍人镇委员会<br>历城区王舍人镇人民政府 |

续表 14

| 序号 | 时间 | 荣誉名称 | 授予单位 |
|---|---|---|---|
| 18 | 2004.2 | 民主法制建设先进单位 | 中共历城区王舍人镇委员会<br>历城区王舍人镇人民政府 |
| 19 | 2004.2 | 2003 年度镇重点工程建设先进单位 | 中共历城区王舍人镇委员会<br>历城区王舍人镇人民政府 |
| 20 | 2004.2 | 2003 年度精神文明创建活动先进村 | 中共历城区王舍人镇委员会<br>历城区王舍人镇人民政府 |
| 21 | 2004.2 | 2003 年度人口与计划生育工作先进村 | 中共王舍人镇委员会<br>王舍人镇人民政府 |
| 22 | 2004.2 | 2003 年度“三级联创”工作先进村 | 中共历城区王舍人镇委员会<br>历城区王舍人镇人民政府 |
| 23 | 2004.2 | 2003 年度征兵工作先进单位 | 中共历城区王舍人镇委员会<br>历城区王舍人镇人民政府 |
| 24 | 2004.8 | “五个好”村级党组织创建活动先进集体 | 中共历城区王舍人镇委员会 |
| 25 | 2004.12 | 优秀人民调解委员会 | 济南市司法局 |
| 26 | 2005.2 | 2004 年度两个文明建设先进单位 | 中共王舍人镇委员会<br>王舍人镇人民政府 |
| 27 | 2005.3 | 2004 年度人口与计划生育工作先进村 | 中共历城区王舍人镇委员会<br>历城区王舍人镇人民政府 |
| 28 | 2005.7 | 2004 年 7 月至 2005 年 6 月先进党组织 | 中共济南市历城区王舍人镇委员会 |
| 29 | 2006.2 | 2005 年度社会治安综合治理工作先进单位 | 中共历城区王舍人镇委员会<br>历城区王舍人镇人民政府 |
| 30 | 2006.3 | 2005 年度三八红旗集体 | 王舍人镇妇女联合会 |
| 31 | 2006.3 | 2005 年度计划生育工作先进村 | 中共济南市历城区委员会<br>济南市历城区人民政府 |
| 32 | 2006.4 | 2005 年度流动人口计划生育管理先进单位 | 中共历城区王舍人镇委员会<br>历城区王舍人镇人民政府 |
| 33 | 2006.7 | 2005 年 7 月至 2006 年 6 月先进党组织 | 中共历城区王舍人镇委员会 |

续表 14

| 序号 | 时间 | 荣誉名称 | 授予单位 |
|---|---|---|---|
| 34 | 2007.3 | 2006 年度镇、村容貌综合整治工作先进单位 | 中共历城区王舍人镇委员会<br>历城区王舍人镇人民政府 |
| 35 | 2007.3 | 2006 年度流动人口计划生育工作先进单位 | 中共历城区王舍人镇委员会<br>历城区王舍人镇人民政府 |
| 36 | 2007.6 | 党风廉政建设先进单位 | 中共历城区王舍人镇委员会 |
| 37 | 2007.12 | 2007 年度民兵预备役基层建设先进单位 | 中共济南警备区委员会 |
| 38 | 2008.2 | 2007 年度镇、村容貌综合整治工作先进单位 | 中共历城区王舍人镇委员会<br>历城区王舍人镇人民政府 |
| 39 | 2008.3 | 2007 年度先进妇代会 | 历城区妇女联合会 |
| 40 | 2009.2 | 2008 年度科学发展先进单位 | 中共历城区王舍人镇委员会<br>历城区王舍人镇人民政府 |
| 41 | 2009.2 | 2008 年平安历城建设先进基层单位 | 济南市历城区社会治安综合治理委员会 |
| 42 | 2009.3 | 2008 年度流动人口计划生育管理先进单位 | 中共历城区王舍人镇委员会<br>历城区王舍人镇人民政府 |
| 43 | 2010.3 | 2009 年度“共建和谐老龄年”活动先进村居 | 历城区老龄工作委员会 |
| 44 | 2010.3 | 2009 年度镇、村容貌综合整治工作先进单位 | 中共历城区王舍人镇委员会<br>历城区王舍人镇人民政府 |
| 45 | 2011.2 | 2010 年度发展二、三产业先进村 | 中共济南市历城区委<br>济南市历城区人民政府 |
| 46 | 2011.2 | 2010 年度目标管理工作先进单位 | 中共历城区委鲍山街道工作委员会<br>历城区人民政府鲍山街道办事处 |
| 47 | 2011.6 | 2011 年度基层党组织先进集体 | 中共历城区委鲍山街道工作委员会 |
| 48 | 2011.6 | 2011 年度“五个好”党组织先进集体 | 中共历城区委鲍山街道工作委员会 |
| 49 | 2012.2 | 2011 年度科学发展先进单位 | 中共历城区委鲍山街道工作委员会<br>历城区人民政府鲍山街道办事处 |

续表 14

| 序号 | 时间 | 荣誉名称 | 授予单位 |
|---|---|---|---|
| 50 | 2014.2 | 2013 年度“三资管理”工作先进单位 | 中共历城区委鲍山街道工作委员会<br>历城区人民政府鲍山街道办事处 |
| 51 | 2014.2 | 2013 年度目标管理工作先进单位 | 中共历城区委鲍山街道工作委员会<br>历城区人民政府鲍山街道办事处 |
| 52 | 2014.3 | 五好关工委 | 历城区关工委 |
| 53 | 2016.2 | 2015 年度科学发展先进单位 | 中共历城区委鲍山街道工作委员会<br>历城区人民政府鲍山街道办事处 |
| 54 | 2016.2 | 2015 年度招商引资及大项目推进工作先进单位 | 中共历城区委鲍山街道工作委员会<br>历城区人民政府鲍山街道办事处 |
| 55 | 2017.2 | 2016 年度目标管理工作先进单位 | 中共历城区委鲍山街道工作委员会<br>历城区人民政府鲍山街道办事处 |
| 56 | 2019.2 | 2018 年度棚改旧改（征收拆迁）工作先进单位 | 中共历城区委鲍山街道工作委员会<br>历城区人民政府鲍山街道办事处 |
| 57 | 2020.1 | 省级卫生村（2020—2022） | 山东省爱国卫生运动委员会 |

# 风俗民情

殷陈庄村位于济南城乡接合部，地理条件优越，生产生活富足，文化积淀深厚，民俗质朴而久远，既有城市品位，又有乡村情趣，构成丰富多彩的生活文化内涵，表现出村民对美好生活的热爱和追求，服饰、饮食、建筑、岁时习俗等成为民风民情的突出标志，并随着时代发展趋向简约、文明、健康。

## 建筑习俗

殷陈庄村的建房风俗大致与历城区相同，又因靠近城区，以商而活，以商而富，车马店颇多，院落大门有别于历城区其他村落，别具特色。

### 四合院

富贵人家的四合院为砖石木瓦结构，俗称青砖小瓦房。条石为基，青砖砌墙，立柱重梁，重檩密椽，扒砖铺设，万年灰小青瓦覆面，龙脊飞檐，宅院宽敞。中等人家宅院为土石木结构，前墙根基条石立砌，两山及后墙根基块石灰土泥（俗称搓灰泥）砌筑，根基以上铺一至三层青砖找平。土坯墙体，过门石、窗台石为青石板，三层青砖出檐，二层青砖做梢。檐梢分为石板檐梢、小瓦檐梢。麦秸草覆屋面，白糟泥封脊，麦穰白糟泥灰（俗称麦穰糟）抹里外墙皮。贫穷人家为土草房，俗称“一垛坯”。土坯或乱石围一院落，三

建于清代的陈家
大车门
摄于 2020 年

老四合院
摄于 2020 年

至五间房，乱石根基，土坯墙体，檐梢屋面全部用麦草覆盖，一担挑大门。

## 大车门

大门有车门、楼子门、挑门楼（一担挑）等样式。村内中等人家居多，开车马店者，大门多为大车门，方便马车进出。大车门分为砖石木结构、砖石土木结构。大车门冲街开门，东北西北角开门，进门有一条巷道，巷道尽头有小门楼与院成一体，俗称二门子。大车门的地基全院最低，比街面高 15 厘米左右。大车门纵深 3.5 米左右，宽 4 米左右。前门垛砖石结构成外八字形。长条石门枕，石卡框硬木过梁，青砖檐头梢根，小青瓦或石板做檐梢。人字起架有一个偏梁，俗称靠山梁。木质大门分为双扇大门，单扇活板大门俗称板大门。大车门门框有竖框三条，呈倒山字形，中为一条活框。双扇门活框座中，单扇板大门活框偏门一边，单扇门窄于门板一边。每块门板约 20 厘米宽，两道搭扣，上下门槛有凹槽，将门板依次推在槽内，推上中框插上横栓（俗称插管），即成一体。

中华人民共和国成立后，经济结构发生变化，开始实施新村规划，居住条件逐步改善。1984 年，实施第一次新村规划，大车门逐渐减少。2010 年，第二次旧村改造后，村民住进楼房，室内结构同城市楼房已没有区别。

# 节庆习俗

## 春节

春节俗称过年。进了腊月（农历十二月），村民开始为过年做准备，碾米、磨面、蒸年糕，备年货、做新衣、买鞋帽。腊月初八俗称腊八日，村民腌腊八蒜，做腊八粥，驱寒健体。

腊月二十三祭灶　民间有灶王神“上天言好事，回宫降吉祥”的说法。祭灶时，在灶王神前摆上供果，烧香纸、磕头祈告灶神保佑一家平安健康。祭灶之后，开始一年一度的卫生大扫除，称之为“扫屋”，年味渐浓，俗称“过小年”。

腊月二十七赶年集　一大早，人们便扶老携幼，全家出动去赶集，制备年货及生活用品。这时集市上商品最多、最全，人也最多，到傍晚才散集，人们手提肩挑，大车拉小车推，满载而归。

除夕　各行各业放假歇业，催债要账全部暂停。早上，村民开始贴春联，换贴灶王神，挂灯笼贴福字。下午，男人到祖坟祭祖。夜幕降临，家家户户开始恭迎祖先，由长辈带领家里的男丁，带上香炉、纸、酒具、鞭炮等，到村东南方请各位祖先回家过年。到大门前点燃事先放置的干草，谓之照庭，即为先辈照亮门庭之意。接回祖先，放爆竹驱除“孤魂野鬼”，门前横放一根木棒，叫栏门杠。大门前，用照庭灰做一半圆圈拦门。夜幕降临，家家夜不闭户，灯火通明，全家人坐在一起吃年夜饭、喝团圆酒，守岁。长辈给儿孙们发压岁钱，儿孙们则向长辈敬酒。子时，女人、孩子休息，男人们敬神仙，放鞭炮。全村鞭炮齐鸣，迎来新的一年。

正月初一　堂屋供桌两边的椅子任何人不能坐，不能清理垃圾，妇人不下厨，不刷锅洗碗，守孝之家不拜年。五更天，穿戴一新，长辈在家守候，小辈打灯笼去拜年。拜年先从自家长辈开始，磕头拜年，然后是各大家族的长者。在路上相遇，人们互行拱手礼拜年，互道吉祥语。

正月初二　回娘家，初二一早，新娶的媳妇由娘家兄弟或其他人去接。娘家兄弟到后，先给姐姐或妹妹的公婆拜年，媳妇带上公婆事先准备好的礼物和女婿一起回娘家给长辈拜年。娘家人准备好盛宴款待女婿，俗语叫候客。

正月初三、初四　走亲戚，晚辈代表父母去看长辈，长辈不去晚辈家走亲戚。

正月初五　俗语五麻日，是送祖上先辈归宫的日子。家人五更起床下水饺，供桌前点燃蜡烛，供上三碗水饺，燃香磕头请祖上回宫。端着燃香的香炉，按原路返回接来的地方，把燃香插到地上，敬酒、烧纸钱、磕头为祖上送行。吃过早饭，换下新衣，女人洗衣，清理厨房，男人则收拾牌位及过年用品。

### 元宵节

正月十五是元宵节，也称上元节、灯节。入夜，家家悬灯，吃元宵（汤圆），燃放鞭炮和花筒，村里举办灯会、杂耍、龙灯、高跷等，也组织演戏、看电影等。

### 二月二

农历二月初二，俗称龙抬头。村人用大豆加糖炒之，名为“蝎豆”，全家分食。用草木灰在室内、院中撒成囤样，名为“打囤”。院内囤中放一撮杂粮，取五谷丰登之意；室内囤中放硬币，意为钱龙引进。20世纪60年代，“打囤”习俗渐废，炒“蝎豆”者渐少。

### 三月三

农历三月初三，村周边有诸多庙会山会，多有物资交流，一般持续3 ~ 10天，有“三月三去赶山，进香看戏买农具，针头线脑买好吃的”之说。

### 清明节

清明节为扫墓、祭祖之日。清明节前一天为寒食节，民间多把两个节合一。村人多有踏青、登高者，中华人民共和国成立后也拜谒烈士陵园、缅怀先烈功绩。

### 端阳节

俗称“端午”，为农历五月初五。村人习惯吃鸡蛋、粽子、粟米糕等。早晨门旁插艾，用艾泡水洗脸，身戴香荷包，意为驱除灾害、邪恶或不祥之兆。民谣曰：“端午不戴艾，死了变个猪八戒。”

### 五月十三

民间传说五月十三是关羽生日，这天去关帝庙祭拜，或在家祭拜，意为关帝爷喝醉了，磨大刀时洒点水，民间就会有雨。民谚有“小旱大旱，不过五月十三”的说法。

### 六月六

农家多于此日晒衣服、书籍，据说在这天暴晒后不生虫。当地有“六月六，看谷秀”的农谚。

### 夏至

民间在这天开始吃凉面，并佐以防暑去湿热的食材，以提醒人们一年最潮湿闷热的天气即将来临，时刻注意防暑。

## 七夕节

农历七月初七，也称乞巧节。相传是日为牛郎织女相会之时，可谓中国版的情人节。少女多在此日夜间烧香乞巧。

## 中元节

农历七月十五，俗称“鬼节”，是日村民祭祖、扫墓。

## 中秋节

农历八月十五，是日人们食月饼、瓜果，赏月团圆。民谣曰：“瓜果月饼敬老天，敬得老天心喜欢，年年丰收保平安。”

## 重阳节

农历九月初九为重阳节，九月是菊花盛开的时候，所以也称菊花节，又为老年节。旧时，文人墨客、官绅富商登高野游、宴饮赏菊，村民多去登千佛山。

### 十月一

农历十月初一，为村民扫墓、祭祖之日，意为给先人们奉上钱粮，让祖先御寒过冬。

### 冬至

冬至意为冬天最寒冷的日子开始。民间在这天吃水饺，民谣有“冬至包子夏至面，谁不吃是傻蛋”，民谚有“吃了冬至饭，一天长一线（冬至后，白天开始变长）”的说法。

## 婚嫁习俗

“洞房花烛夜”为人生八喜之一，村民格外重视，在社会发展中，殷陈庄村形成独具特色的婚俗。中华人民共和国成立后，实行《中华人民共和国婚姻法》，联姻过程大为简化，婚礼也不强求一致。20世纪90年代始，婚礼多由婚庆公司代办，婚宴一般在酒店，现代气息渐浓。

### 订婚

清末、民国时期，村内盛行早婚，男孩十二三岁、女孩十四五岁即定亲结婚，婚姻多依“父母之命，媒妁之言”，讲究“门当户对”，由双方父母做主。双方交换生辰八字，测为不克，即可“换柬”。富者以金银首饰、衣料、钱币等下订礼；一般人家只送几件衣料；贫者无礼相送，则以言为订。男方准备好后，请先生选定良辰吉日，写好娶帖，提前半个月由媒人带上礼盒，送到女方家中，称为送娶帖。礼盒中有公母鸡一对、鲤鱼一对、肘肉八斤、白酒二斤（称之为四牲礼），加白面粉、五色菜、“隐身草”等物品。女方接娶帖后，为嫁闺女做准备。

## 结婚

结婚这天，花轿由媒人领路，乐队鼓乐齐鸣，五更天出发去女方家中。女方家听到声音后，紧闭大门，媒人需上前敲门三次，敲锣三遍，吹三次唢呐并从门缝中塞入敲门喜钱，俗称开门大吉。门开后，媒人指示向女方长辈施礼祝福，迎娶新娘。新娘则凤冠霞帔，怀抱如意，揣铜镜，拿“隐身草”，头盖红盖头，端坐在椅子上，由同辈兄弟抬着，押轿童子引领轿前上轿。轿至村头，女方送上请新姑爷帖。花轿在路上遇桥、路口鸣放鞭炮。

花轿到达男方村头，家人放鞭炮迎接，鼓乐齐鸣串街。新娘院门前下轿，由伴娘搀扶走红毯，踏马鞍，跨火盆，在院内供桌前拜天地。执事喊：一拜上天阳光雨露，再拜厚土承载情，三拜父母养育恩，夫妻对拜，礼成。拜天地后，新娘由姑嫂搀扶入洞房，吃下轿饺子，新郎挑红盖头，坐床。堂屋里举行盛宴，款待新娘的兄弟，民间称之押轿席。中午新娘的家人离去后，新人在堂屋里举行拜堂礼，民间称上拜，即拜祖上、拜长辈亲朋、拜姑嫂，被拜之人奉上礼金，民间称为拿拜钱。上拜后，新娘在姑嫂家人陪同下去祖茔送喜钱。回家后，新娘脱下盛装，换上常服为大家做饭，家人考察其厨艺。晚上，同辈同龄的年轻人到新娘房中热闹，俗称闹房、半夜听房。

## 回门

结婚次日夫妻同回女家，俗称回门。一大早新娘的兄弟来接，并带来抬头面。吃过抬头面，新娘与兄弟先行回娘家，到家后家人派一人请新姑爷去接新娘，姑爷与陪同一起前往。新娘家则早准备盛宴款待，俗称回门宴。新郎天黑离去时，女方奉上三杯酒，为之压惊送行，俗称“上马三杯，下马三杯”礼。婚后三天，女方父亲送女儿回婆家，俗称送闺女会亲家，男方治宴恭候亲家见面。

## 寿诞、生育习俗

### 祝寿

旧时，人过六十即为老年，到诞辰日，儿女们即可为其祝寿，俗称做生日，有父母健在者，不祝寿。这天早上寿星吃寿面，去父母坟前祭拜，中午儿孙给寿星行祝寿礼、吃寿宴、喝寿酒。大户人家则发请柬，隆重布置寿堂，宾朋亲友携寿礼去祝寿。寿星身穿寿服，端坐在寿堂，接受众人拜贺。从60年代开始，拜寿仪式废，宴饮习俗尚存。

### 生育

妇女生孩子俗称坐月子，以生产这天算起，要在产房卧床一个月。孩子出生后，首先派人去产妇娘家报喜，送去红鸡蛋，男孩单数、女孩双数，并报母子平安。产后三天，孩子姥姥去看闺女和孩子，带去产妇用品，主要是小米、红糖、黄酒等，称为送礼，俗称送三日。第六天或第九天、第十二天，婆家通知双方亲朋去送米，俗称送六日。孩子一个月时，产妇带孩子到娘家住几天，民间叫过满月，俗称挪窝。

## 饮食、服饰习俗

### 饮食

村民饮食习俗与北方饮食习惯基本一致，均为一日三餐。中华人民共和国成立前，村民主食与历城相差无几，一般农家多吃高粱、玉米、地瓜等粗粮，贫苦者则辅以糠菜。主食制成窝头、饼子、煎饼等，早晚习惯喝汤或粥。平常人家常年以家腌咸菜、辣椒、葱蒜等佐餐；富贵官宦人家除常年吃玉米、小米、高粱外，还吃白面馒头、花卷、包子等。那时老人常说："什么时候吃上长长粒（小麦）的就知足了。"中华人民共和国成立后，人民生活逐步改善，从玉米面转向纯白面，蔬菜等副食品花样繁多。进入21世纪，村民追求生活质量，饮食转向生态、绿色食材，饮用酒、茶也向中、高档发展。

### 宴席

殷陈庄村宴席有别于其他地区。遇节庆或婚嫁等重要场合，待客宴席十分讲究。

宴席菜品"三八两大件"是殷陈一带标准规格的宴席。其中，"三八"指配荤素冷热24个菜，分别有"四干""四鲜""四冷荤"和12个热菜，做到荤素搭配、煎炒烹炸均有；"两大件"通常为海参肘子和糖醋鲤鱼。

"四干"（糖果、黑/白瓜子、花生粘等）、"四鲜"（香蕉、苹果、橘子、葡萄等）在宾客就座时已摆就，宴席开始先上"四冷荤"（一般为鸡丝冻粉、海蜇黄瓜、葱拌蹄筋、酱牛肉），随后上"大件"（海参肘子），再上6个热菜，其后上"大件"（糖醋鲤鱼），再上6个热菜。此外，如果是"回门席"，会在正宴过后，另上4个大碗汤菜，宴席继续，直至天黑。

通常每桌席面坐10～12人，贵宾坐主位，其他宾客从主宾两侧依次就座，主陪坐在主宾对面。

宴席开始后，主陪与诸宾客共同举杯饮酒，连饮6杯。酒过三巡，上"大件"后，主宾开始依次与在座的每一位宾客喝6杯酒（双方共6杯，或相互敬酒，或划拳行令，输者饮酒）。一轮过后，诸宾客与主宾相互敬酒，直至宴席结束。

## 服饰

中华人民共和国成立前，村内富贵人家男人多穿"长袍马褂"，即身着长袍、外套马褂，与之配套的是头戴帽垫、脚着绸（布）便鞋、穿白布袜。此种装扮，多在会亲访友、重要节庆等隆重场合穿着，清末、民国初期尤盛，民国后期逐渐减少。至中华人民共和国成立初，尚有李玉璞、李玉珠等近10户保留着"长袍马褂"。妇女外出穿右襟上衣，系长裙，着绣花鞋。饰物有钗、环、戒、镯等银制品。普通人家男人多穿对襟褂袄，腰束布带；妇女多穿偏襟上衣，包头、扎腿。姑娘束辫，媳妇盘髻，衣料以家制土布为主。富裕人家有白布内衣，外有蓝黑罩衣，走亲戚、出门时穿。

中华人民共和国成立后，村民生活水平逐年提高，服饰款式和色彩不断发展变化，从中山装、国防服、列宁服、人民服到二十世纪六七十年代的绿军装、海军蓝，再到 90 年代的夹克、西服、两用衫、拉链衫、连衣裙等，呈现多样化、个性化。进入 21 世纪，随着生活品质改善，村民穿着更加讲究品位和舒适度，服装款式繁多，式样新颖，色彩丰富。

## 丧葬习俗

### 旧俗

中华人民共和国成立前，丧葬礼仪繁杂，费时耗资，为老人备寿棺、修寿坟者多，富家不惜钱财，追求阔气。老人临终须穿寿衣。丧主门上贴白纸并讣告亲友，为死者举行“指路”“入殓”“送浆水”“送盘缠”等丧仪。孝子跪灵棚，孝女守灵屋，亲友吊丧。殡期多为3天，贫者多用薄棺，少有以席箔裹尸，当日土坑埋葬；富家棺重葬迟，扎寿棚、做道场、吹鼓手奏哀乐，雇用龙（男亡）凤（女亡）大杠等。

### 新俗

中华人民共和国成立后，丧葬礼仪从简。20世纪60年代末，建立公墓。1975年殷陈庄村成立红白理事会，为逝者开追悼会，以示悼念。1976年始，改土葬为火化。殡后三日“圆坟”及“三七”“五七”“周年”的祭仪沿存。

2020年，殷陈告别厅装修完毕投入使用，简化操办丧事的流程，做到庄严、简单而又不失传统礼仪，倡导文明、健康、科学的方式。殷陈庄村特制定操办丧事实施办法，丧事从简，反对大操大办，以寄托哀思、葬好亡者为原则。在告别厅门前设置香炉，杜绝堂内焚烧香、纸，在告别厅摆放10个花圈，其中1个代表殷陈庄全体村民，1个代表殷陈庄两委会，剩下8个由理事会与丧主协商悬挂挽联，杜绝亲戚朋友携带花圈去祭拜，取消摆祭和扎彩，亲朋好友不在灵区内就餐。

## 禁忌

### 饮食禁忌

吃饭时忌用筷子敲碗；筷子忌插在饭中；盛饭时勺子忌往外翻；给客人倒茶时忌壶嘴对着人；家中来了客人，第一顿饭忌吃水饺；客未走不能打扫地面；亡人发丧忌农历初一、十五。

### 服饰禁忌

衣服下边忌毛边，因丧服下面是毛边；衣服的扣子必须是单数，这是说四六不成材；小孩的衣服在院子里晾晒忌夜间，要在太阳落山前拿进屋里；女人的衣服忌在院子里过夜；年轻妇女不在屋外睡觉。

### 言行禁忌

年龄忌说七十三、八十四，俗话说“七十三、八十四，阎王不叫自己去”，这是人生的关口，谓之“损头年”；忌说百岁，人活百岁说九十九；忌说四十一岁，俗说四十一岁是“损头年”。

## 其他禁忌

借邻居家水筲打水，忌挑着水筲送还，应用一手提水筲，一手拿着扁担送还；如借一只水筲，送还时忌两人抬着水筲，应一手拿水筲一手拿抬水棍子；失了火忌喊“失火”，要喊“走水”；除夕夜煮饺子煮破了，忌说“破了”要说“挣了”；家里有老年人去世，要说“老啦”，忌说“死啦”；在河边等船时，忌把鞋扣过来，预示翻船；看望病人忌下午和晚上，一般为上午；正月忌剃头；过春节，忌说“穷、破、断”字；过年忌骂人，年初一忌打孩子，忌说不吉利的话；腊月和春节期间孩子若打破饭碗，应说岁岁（碎碎）平安，忌打骂孩子；药忌三台，锅台、香台和窗台；农历五月忌盖房，盖房犯太岁，谓之“太岁头上动土”；住房大门忌冲小胡同，因小胡同又名“箭道”，会射伤其家；房屋大门或屋门忌对窗户；窗户忌改为门；门前忌栽桑树、呱嗒手（指杨树等大叶树种），院后忌栽柳树；待客忌四个菜。

## 民谣

殷陈庄村的民间歌谣多为儿歌，语句简练、押韵，内容丰富，亦有生活歌、情歌、谜语歌等。

### 月亮奶奶（二首）

月亮奶奶，好吃韭菜，韭菜乔辣，好吃黄瓜。

黄瓜有种，好吃油饼，油饼喷香，好吃面汤。

面汤稀烂，好吃鸡蛋，鸡蛋腥气，好吃公鸡。

公鸡有毛，好吃樱桃，樱桃有核（hu），要吃牛犊。

牛犊牛犊跑得快，拉开桌子摆上菜，你一盅、我一盅，咱俩拜个好弟兄。

月亮奶奶，拄着拐拐。跌个骨碌，拾个小钱（儿）。

买个包包，哄哄小孩。称斤豆腐，过个好年（儿）。

### 小白菜（儿歌）

小白菜啊地里黄，两三岁上啊没了娘哇，就怕爹爹娶后娘啊，娶了后娘三年整啊，有了弟弟比我强啊，他吃肉来我喝汤啊，拿起筷子想亲娘啊，端起碗来泪汪汪啊。

## 小老鼠（儿歌）

小老鼠，上灯台，偷油喝，下不来，叫奶奶，抱下来。

## 山老鸹（儿歌）

山老鸹尾巴长，娶了媳妇忘了娘。把娘背到山后头，媳妇背到炕头上。

擀白饼卷白糖，媳妇媳妇你先尝。

## 巧姑娘

小枣树耷拉枝，树上坐着个小黑妮，手也巧脚也巧，两把剪子对着铰，左手铰的是牡丹花，右手铰的是灵芝草，灵芝草上一对蛾，飞呀飞呀过天河。

## 打萝萝

打萝萝蒸馍馍，蒸了馍馍给谁吃？给小二妮子过生日，谁来了，他大舅，提着篮子挎着肉，早来的吃块肉，晚来的啃骨头，啃的骨头没了渣，扔到河里喂小鸭，喂得小鸭像南瓜。

# 方言俗语

## 谚语

吃饭穿衣亮家当。

远亲不如近邻，近邻不如对门。

买尽天下物，难买子孙贤。

娇生惯养没有好儿郎。

娇儿生分子，家贫出孝子。

要知父母恩，怀中抱儿孙。

亲兄弟明算账，账目清好弟兄。

账不混人人混账。

出水才看两腿泥，砍到高粱露出狼。

积德行善，益寿延年。

春捂秋冻，没灾少病。

一场秋雨一场寒，三场秋雨穿上棉。

冬吃萝卜夏吃姜，不劳医生开药方。

早上一块姜，胜过喝参汤。

吃饭先喝汤，脾胃不受伤。

酒过伤身，气过伤人。

好烟不吸最为好，好酒不醉最为高。

笑一笑十年少，愁一愁白了头。

善恶到头终有报，远走高飞也难逃。

## 歇后语

狗舔盘子——净瓷

猫哭耗子——假慈悲

狗咬尿泡——空欢喜

狗撵鸭子——呱呱叫（好）

狗掀帘子——全凭嘴

狗逮耗子——多管闲事

剃头挑子——一头热

姥娘哭儿——没舅（救）了

八仙过海——各显其能

木匠带枷——自作自受

狗坐轿子——不识抬举

嘴上抹石灰——白说

唱戏的胡子——假的

洋鬼子看戏——傻眼

孔圣人搬家——净书（输）

猪鼻子插葱——装象（相）

竹篮子打水——一场空

做梦娶媳妇——想好事

马尾拴豆腐——提不得

鼻子上长疮——犟不得

老虎屁股——摸不得

王八吃秤砣——铁了心

腊月里的萝卜——冻（动）了心

六指头划拳——多一招

王八看绿豆——对眼了

兔子的尾巴——长不了

骑驴看唱本——走着瞧

黑瞎跳井——熊到底

狗咬吕洞宾——不认真人

属铁公鸡的——一毛不拔

小葱拌豆腐——一清二白

泥菩萨过河——自身难保

夜猫子进宅——无事不来

快刀斩乱麻——一刀两断

长虫钻竹筒——直来直去

肉包子打狗——有去无回

擀面杖吹火——一窍不通

阎王爷断案——鬼话连篇

巡警打他爹——公事公办

砂锅子捣蒜——一锤子买卖

门缝里瞧人——看扁了

井里的蛤蟆——没见多大天

老鼠拉木锨——大头在后面

丫鬟带钥匙——当家不做主

秋后的蚂蚱——蹦不了几天

倒了碾子砸磨——石（实）打石（实）

老鼠舔猫鼻子——找死

梁山上的军师——无（吴）用

上鞋不用锥子——针（真）好

懒老婆的裹脚布——又臭又长

高射炮打蚊子——小题大做

鸡蛋里挑骨头——没事找事

土地爷撵马虎（狼）——神窜了狼窜

猪八戒照镜子——里外不是人

哈巴狗咬月亮——不知天高地厚

西北风刮蒺藜——连风（讽）加刺

茶壶里煮包子——有嘴倒（道）不出来

关公门前耍大刀——显能

疥蛤蟆垫桌子腿——硬撑

鸡蛋掉到油篓里——滑蛋

半天云里挂口袋——装风（疯）

卖花生的不用秤——论堆了

蛤蟆蝌蚪撵鸭子——死催的

吃了胡萝卜包子——咸（闲）操心

老鼠钻到风箱里——两头受气

十五只吊桶打水——七上八下

洗脸盆里扎猛子——不知深浅

胡同里扛檩条——直来直去

黄鼠狼给鸡拜年——没安好心

蝎虎蠊子吃豆荏——挺了腰板

窗户棂子吹喇叭——鸣（名）声在外

捂着耳朵偷铃铛——自家骗自家

大水冲了龙王庙——自家人不认自家人

头顶上长疮脚底下流脓——坏透了

一张纸画个鼻子——好大脸

癞蛤蟆想吃天鹅肉——痴心妄想

嗑瓜子嗑出臭虫来——啥仁（人）也有

年五更里打个兔子——有它（他）也过没它（他）也过

猪八戒夹着半刀火纸——装那识文认字的

脱了裤子放屁——多此一举

老鸹飞到猪身上——看见人家黑看不见自家黑

## 方言

老爷爷——太阳

老爷地儿——太阳晒着的地方

贼星——流星

后儿——后天

扫帚星——彗星

前儿——前天

饭把拉子——糁
呱啦——霹雳
拔子——冰雹
坷垃——土块
土谷堆——土堆
醭土——灰尘
长果——花生
过年——明年
明儿——明天
黄鼬——黄鼠狼
指甲桃子——凤仙花
头牯——牲口
儿马——公马
骒马——母马
尖子——种牛
市牛——母牛
叫驴——公驴
牙狗——公狗
牙猪——公猪
马虎——狼
黑瞎子——狗熊
皮子、野狸——狐狸
刀螂——螳螂

夜儿——昨天
白下——白天
过午——下午
黑下——夜间
年午更——除夕午夜
炭——煤
头年——去年
地蛋——马铃薯
秫秸——高粱秸
长阳花——向日葵
春谷谷、光光到处——布谷鸟
喰打木子——啄木鸟
夜猫子——猫头鹰
沿瓢虎子——蝙蝠
恶螂珠子——蜘蛛
曲蟮——蚯蚓
嘎啦油子——蜗牛
蝎虎蠊子——壁虎
马蛇子——蜥蜴
蜜虫——蚜虫
白渣——苍蝇卵
乖子——蝈蝈
锅头——灶台

蛸前儿——蝉
豆枕——枕头
管蜓——蜻蜓
歪子——青蛙
疥蛤蟆、癞蛤蟆——蟾蜍
蛤蟆咳态子——蝌蚪
结鳃——鱼鳃
仰陈——顶棚
虚棚——放东西的顶棚
栏、茅房——厕所
后笨娄——后脑勺
薄拉梗——脖子
页拉盖——前额
小爸爸——亲叔叔
妗子——舅母
两乔——连襟
耳岁——耳屎
吃拉拉——口水
老娘婆——接生婆
带犊子——随娘改嫁的孩子
干哕——恶心
羊羔子疯——羊痫疯
果子油——花生油

伏了——入伏后的小蝉
蛸前狗、神仙——蝉幼虫
担杖——两头有挂钩的扁担
担子——无钩的扁担
囤子——不开身的棉背心
褯子——尿布
当天井——院子
糨子——糨糊
黄香——松香
麻包——麻袋
新妈——叔母
大爹、大爸爸——伯父
下巴颏子——下颌
脉窝子——太阳穴
小妮——女孩
小小子——男孩
双把儿——双胞胎
力巴——不太靠谱
胳拉瓣儿——膝盖
黑星星子——雀斑
背生子——遗腹子
卷子——用刀切的方形馒头
大油——猪油

酸蘸儿——冰糖葫芦

熨帖——舒服

股堆下——蹲下

不许顾——没看见或没注意

后晌饭——晚饭

舔腚——巴结

赛——好

揍势——装腔作势

搐搐——缩小、不平整、蔫了

冷、乔、杠、稀——很

没价——没有

一共临亲——统共

腼片——腼腆

耳咯——不聪明

索伊——好动、调皮

二糊——犹豫

蛇蚤——跳蚤

墩轱辘子——石墩子

聋汉——聋人

车辙子——车前草

有种、硌实——坚强

毛实——办事不细心

拔头顶——谢顶

扎果——打扮

不耳他——不和他说

香油果子——油条

不靠勺——不可靠

溜沟子——顺着别人说

崩木哏儿——说笑话

打夜作——熬夜

招压迫虎子——梦魇

拾漏帽——幸运地碰上

戳骨轮儿——玩木偶

么、啥——什么

多咱——什么时间

这户儿——这种

啷闲——什么之类的

胡锄打——胡扯

窜搓——纵容

疯汉——精神病患者

称杌子——马扎子

风车车草——益母草

硌硬——性格拧巴

老嬷嬷——老太太

## 特色小吃

### 甜沬

“甜沬不甜”，甜沬是一种以小米面为主熬煮的咸粥，村人又称之为“五香甜沬”。甜沬是最价廉物美的“招牌”名优小吃。早晨起来，油条和甜沬是村民最常见的早餐。

### 油旋

油旋是一种旋涡状葱油小饼，刚出炉的油旋色泽金黄，内软外酥，葱香扑鼻。清代顾仲编著的《养小录》中记载了油旋的制作：“……和面作剂，擀开。再入油成剂，擀开。再入油成剂，再擀，如此七次。火上烙之，甚美。”

### 把子肉

把子肉是选取有肥有瘦的带皮五花猪肉，切成长条，用麻绳捆成一把，煮好，再放在酱油中炖。把子肉的特点是肥而不腻。把子肉虽由浓油赤酱熬制，却并不咸，刚好用来下饭。而大米干饭把子肉的搭配恰好把米香、肉香统统带出来。

## 酥锅

酥锅发源于淄博博山一带，在济南及周边地区极为盛行，也是殷陈当地的传统名菜，多在春节期间食用。酥锅的制作工艺相当复杂，以肉鱼骨刺酥烂为主要特征，口感特别，相当美味。

制作工艺

第一步：备料

原料有猪骨头、猪肉、鸡、鱼、海带、藕、炸豆腐、白菜等；鸡、鱼去内脏、洗净后切大块，猪肉洗净切大块、藕去皮洗净，海带泡软、洗净后卷成卷，猪骨、白菜等原料洗净备用。调味料有食盐、白糖、醋、南酒、香油、葱、姜、花椒、八角等。将调味料放入盆内，加水适量，搅拌均匀（酸甜度可根据个人的口味而定）。

第二步：装锅

将猪骨放于锅底以防止煳锅，再将藕、海带、鸡、鱼、猪肉、豆腐等整齐地放入锅内，最上层盖上白菜。将调味料倒入锅内，以没过原料 1 ~ 2 厘米为宜。

第三步：加热

锅放火上加热，大火烧开后改为小火，加热 6 小时以上，关火后倒入适量香油，闷 1 小时，使香油入味。

酥锅凉透后，随吃随取。

油旋
摄于 2020 年

甜沫
摄于 2020 年

酥锅
摄于 2020 年

把子肉
摄于 2020 年

# 民间传说

## 鲍山里的金牛、金磨、金豆子

传说鲍山是一座宝山。很久以前，山中有个大洞，洞中有一头金牛拉着一盘金磨不停地转，哗哗地淌出无数金豆子。有的穷苦百姓家境贫困，只要在山上勤劳耕耘，就会捡到从宝山里淌出的金豆子。人们说这是鲍叔牙当年经营时赚取的部分财利，大部分分给了管仲，另一部分藏在鲍山中变成了金牛、金磨，磨出金豆子为民造福。后来一伙盗宝人听到这消息，就想方设法盗取金牛、金磨。他们趁晚上到鲍山挖掘，那时王舍人庄北还有一座王灵官庙，庙中有一棵大槐树，高九百九十九丈，其中一个枝杈正好越过鲍山山头向东伸长，人称“探海枝”。也正是盗宝人盗宝的这一天晚上，狂风乍起，探海枝压得鲍山山头吱嘎吱嘎震响，盗宝人以为鲍王爷显灵了，吓得连滚带爬地逃走了。金牛、金磨虽然没有被盗走，但他们把淌金豆子的洞口破坏了，从此鲍山再也没有金豆子淌出来了。还有人说，金牛、金磨确实被坏人盗走了，所以没有金豆子了。

## 两条大蛇的传说

据说玉皇台内有两条大蛇，一雄一雌。解放前，庙宇被人破坏，无和尚念经，两条大蛇也分离了。据说一条在庙内水井内，20 世纪 50 年代人们在玉皇台水井边看，还能听到井内有响声，看到有水花，似有动物在井中游动。据说另一条蛇跑到陈家庄解庆洪家水井里。有一年天大旱，地下水位下降，解庆洪为浇灌耕地，请陈殿奎帮忙掏井。陈殿奎下到井底时，感觉头顶有一股冷气袭来，他向井壁一看，一条大蛇向他吐芯子，他马上升井。中午，他喝足了酒，磨快了铁锨，乘酒劲下井，用铁锨将大蛇斩为几段，弄上井来，足足装了大半提篮。

## 盗龙灯

村中自古有春节扮玩的习俗。扮玩时有两架龙灯，表演结束后，将龙灯放在菩萨庙内，无人看管，多年已成习惯。殷家庄的龙灯扎制轻巧，比周围村庄扎制的龙灯逼真。不知哪个村的人对殷陈庄村龙灯眼红，组织十几名青年到菩萨庙盗龙灯。这天晚上，月色朦胧，光线昏暗，十几人进了菩萨庙。刚走进大殿，只见两条龙双目明亮，闪闪发光，身体不停舞动，威风凛凛。偷龙人一看，哪里是龙灯，分明是两条活龙，直吓得屁滚尿流，拔腿就跑，不知摔了多少跟头。回到村里，他们汗透棉衣，胆小的大病一场。从此，没人再敢动偷龙的念头。

## 飞鸟入笼

清末民国初，军阀割据，社会败类各霸一方、浑水摸鱼，整天向老百姓要钱要粮。在殷家庄邓继宝的高祖父邓洪山担任乡长时，有一天他家来了一位不速之客，穿着军装，气势汹汹，自称某部军官，强迫邓洪山限期缴纳几百块大洋“军费”。

来人从邓家出来，向西走到菩萨庙，进了庙，在菩萨像前拿起签筒，摇了几下，抽了一签，上面写“飞鸟入笼”。他百思不解，向在庙前玩耍的众人求教，众人也不理解。求完签后，“军官”当天又去了贤文庄，用同样手法索要“军费”，结果被官兵逮捕。此人因敲诈钱财，且数额巨大，被判处死刑。殷家庄老百姓都说这是菩萨显灵，惩罚坏人、保护百姓。

# 齐贤大夫鲍叔牙

## 鲍叔牙其人

鲍叔牙（公元前723年或前716—公元前644年），姒姓，鲍氏，名叔牙，颍上（今属安徽）人，春秋时期齐国大夫。以知人善任闻名于世。早年辅助公子小白（后来的齐桓公），齐襄公十二年（公元前686年）协助公子小白夺得国君之位，并推荐管仲为相。齐桓公三十年（公元前656年），参与“召陵之盟”使诸国尊齐王霸主。齐桓公四十一年（公元前645年），鲍叔牙称相，并在不久后病逝，安葬于今山东省济南市历城区鲍山北麓。

在鲍叔牙的协助下，齐国顺利实行其治国之道。鲍叔牙为政重教化，使齐国迅速由乱转治，由弱变强，齐桓公也成为春秋时期第一霸主。

### 早年流亡

公元前723年或公元前716年，鲍叔牙生于齐国，是春秋时代齐国大夫姒敬叔之子，管仲好友。早期管仲贫困，鲍叔牙时常接济。鲍叔牙不愿出仕，后在管仲劝说下，鲍叔牙选择辅佐公子小白。

齐襄公元年（公元前697年），齐襄公即位后，荒淫无道，滥杀无辜，人人自危，纷纷出逃。公子纠由管仲、召忽二人相助逃往鲁国，公子小白则由鲍叔牙相伴逃往莒国。

齐襄公十二年（公元前686年）齐国内乱，流亡在外的公子纠和公子小白竞相回国争当齐国国君。鲍叔牙十分着急，力劝小白快速回国，并亲自为小白驾车，日夜兼程赶往齐国边境。不料途中小白被埋伏的管仲一箭射中身上的带钩，小白顺势诈死，骗过管仲，麻痹鲁军，赶到国都临淄。小白受到赖高傒等重臣拥戴，得立为国君，是为齐桓公。其时，鲁庄公方率鲁军护送公子纠行至乾时（今临淄区西境）地方，齐桓公率军迎战，大败鲁军，尽夺鲁国汶阳之地。

鲍叔牙画像
鲍家虎　绘

## 力荐管仲

齐襄公十二年（公元前686年），齐桓公打败公子纠，稳定局面，着手治理齐国。欲任鲍叔牙为相，为鲍叔牙所拒，鲍叔牙力荐当年差点要了齐桓公性命的管仲为齐相，称只有管仲才能让齐国称霸，齐桓公接受其建议，封管仲为相，鲍叔牙为大谏。

## 辅齐称霸

齐桓公二年（公元前684年）正月，鲍叔牙领兵侵入鲁境。鲁庄公避齐锋芒，退至长勺（今莱芜苗山镇）。因由乾时之胜，鲍叔牙以下将士均轻视鲁军，以为不堪一击，结果大败。

为雪长勺之战耻辱，鲍叔牙奏议与宋国一起攻打鲁国，是年六月，齐、宋联军深入郎地（今山东兖州市西北）驻扎。公子偃认为宋国军队纪律涣散，是能够打败的。宋军一败，齐军必定退回。于是他私自带兵从城西门出城，让兵马披上虎皮先进攻宋军。庄公闻知，只好率大军随公子偃出战，败宋军于乘丘（今山东兖州市西北）。鲍叔牙带领齐军撤回。

齐桓公二十三年（公元前663年），齐国攻打山戎，鲍叔牙随军。次年六月，得胜回朝。

齐桓公三十年（公元前656年）春，鲍叔牙随齐桓公率齐、鲁、宋、陈、卫、郑、许、曹八国的军队先攻蔡国（楚之盟国）；随后，齐桓公率大军联合进攻楚国。两者相持不下，后经谈判，楚国承诺恪守诸侯本分，恢复朝贡周天子之礼。齐桓公乃联合各诸侯国与楚国在召陵共立盟约，各自退兵，史称“召陵之盟”。

## 晚年称相

齐桓公四十一年（公元前645年），管仲将死，齐桓公欲将相位传之鲍叔牙，然管仲认为其太过刚直，易得罪主上。故以齐桓公让公孙隰朋为相。月余，公孙隰朋死，齐桓公再推鲍叔牙为相，鲍叔牙说称相可以，然须辞去易牙、开方、竖刁三人。齐桓公应允，然其后齐桓公想念易牙、开方、竖刁，又将三人召回。鲍叔牙因此抑郁而终。鲍叔牙死后，其子孙世代在齐国享有俸禄，有封地者十余代，多为著名大夫。

# 轶事典故

## 管鲍之交

昔时，管仲与鲍叔牙合伙做生意。管仲家贫，出钱少于鲍叔牙，然到分红时，却要拿得比鲍叔牙多。鲍叔牙手下都不高兴，骂管仲贪婪。鲍叔牙则说管仲不是贪钱，他家生活窘困，所以自己让于他。管仲几次帮鲍叔牙办事，都弄巧成拙，鲍叔牙非但不生气，还安慰管仲说事办不成，不是因为管仲主意不好，是天时不利，不要介意。管仲先后三次为官，均被罢免，鲍叔牙说不是管仲无能，是没有碰到赏识他的人。管仲领兵打仗，进攻时躲在后面，退却时跑在前面。手下都瞧不起他，不愿随其打仗。鲍叔牙则说管仲家里有老母亲，他这样做是为了保住性命侍奉老母，并非真是怕死。鲍叔牙替管仲辩护，极力掩饰管仲缺点，完全是为了爱惜管仲这个人才。管仲听后，叹曰："生我者父母，知我者鲍子也！"遂与之结为生死之交。

管鲍之交
王 兵 绘

### 鲍鱼之名

鲍叔牙说人生有两大快事:“一为食盾鱼，二为饮玲珑。”所谓盾鱼就是鲍鱼，相传因鲍叔牙爱吃，后人遂称盾鱼为鲍鱼，鲍鱼之名由此而来。

### 勿忘在莒

公元前667年，郑国与齐国结盟，回国后，齐桓公、管仲、鲍叔牙、宁戚四人在一起饮酒，酒酣，齐桓公问鲍叔牙说，为何不为他祝酒?鲍叔牙捧杯起座说，希望他勿忘流亡莒国之时，管仲勿忘困于鲁国之时，宁戚勿忘车下喂牛之时。齐桓公离席再拜说，与两位受君之诫，则国无所虞。

## 史籍记载

### 《左传》

庄公九年

【经】

九年春，齐人杀无知。公及齐大夫盟于蔇。夏，公伐齐，纳子纠。齐小白入于齐。秋七月丁酉，葬齐襄公。八月庚申，及齐师战于乾时，我师败绩。九月，齐人取子纠杀之。冬，浚洙。

【传】

九年春，雍廪杀无知。

公及齐大夫盟于蔇，齐无君也。

夏，公伐齐，纳子纠。桓公自莒先入。

秋，师及齐师战于乾时，我师败绩，公丧戎路，传乘而归。秦子、梁子以公旗辟于下道，是以皆止。

鲍叔率师来言曰："子纠，亲也，请君讨之。管、召、仇也，请受而甘心焉。"

乃杀子纠于生窦，召忽死之。管仲请囚，鲍叔受之，及堂阜而税之。归而以告曰："管夷吾治于高傒，使相可也。"公从之。

## 《史记》

**管晏列传** 管仲夷吾者，颍上人也。少时常与鲍叔牙游，鲍叔知其贤。管仲贫困，常欺鲍叔，鲍叔终善遇之，不以为言。已而鲍叔事齐公子小白，管仲事公子纠。及小白立为桓公，公子纠死，管仲囚焉。鲍叔遂进管仲。管仲既用，任政于齐，齐桓公以霸，九合诸侯，一匡天下，管仲之谋也。

管仲曰："吾始困时，尝与鲍叔贾，分财利多自与，鲍叔不以我为贪，知我贫也。吾尝为鲍叔谋事而更穷困，鲍叔不以我为愚，知时有利不利也。吾尝三仕三见逐于君，鲍叔不以我为不肖，知我不遭时也。吾尝三战三走，鲍叔不以我怯，知我有老母也。公子纠败，召忽死之，吾幽囚受辱，鲍叔不以我为无耻，知我不羞小节而耻功名不显于天下也。生我者父母，知我者鲍子也。"

鲍叔既进管仲，以身下之。子孙世禄于齐，有封邑者十余世，常为名大夫。天下不多管仲之贤而多鲍叔能知人也。

管仲既任政相齐，以区区之齐在海滨，通货积财，富国强兵，与俗同好恶。故其称曰："仓廪实而知礼节，衣食足而知荣辱，上服度则六亲固。四维不张，国乃灭亡。下令如流水之源，令顺民心。"故论卑而易行。俗之所欲，因而予之；俗之所否，因而去之。

其为政也，善因祸而为福，转败而为功。贵轻重，慎权衡。桓公实怒少姬，南袭蔡，管仲因而伐楚，责包茅不入贡于周室。桓公实北征山戎，而管仲因而令燕修召公之政。于柯之会，桓公欲背曹沫之约，管仲因而信之，诸侯由是归齐。故曰："知与之为取，政之宝也。”

管仲富拟于公室，有三归、反坫，齐人不以为侈。管仲卒，齐国遵其政，常强于诸侯。后百余年而有晏子焉。

## 《庄子》

**杂篇徐无鬼** 管仲有病，桓公谓之曰：“仲父之病病矣，可不讳云，至于大病，则寡人恶乎属国而可？”管仲曰：“公谁欲与？”公曰：“鲍叔牙。”曰：“不可。其为人洁廉，善士也，其于不己若者不比之，又一闻人之过，终身不忘。使之治国，上且钩乎君，下且逆乎民。其得罪于君也，将弗久矣！”公曰：“然则孰可？”对曰：“勿已，则隰朋可。其为人也，上忘而下畔，愧不若黄帝而哀不己若者。以德分人谓之圣，以财分人谓之贤。以贤临人，未有得人者也；以贤下人，未有不得人者也。其于国有不闻也，其于家有不见也。勿已，则隰朋可。”

吴王浮于江，登乎狙之山。众狙见之，恂然弃而走，逃于深蓁。有一狙焉，委蛇攫抓，见巧于王。王射之，敏给搏捷矢。王命相者趋射之，狙执死。王顾谓其友颜不疑曰：“之狙也，伐其巧、恃其便以敖予，以至此殛也！戒之哉！嗟乎，无以汝色骄人哉！”颜不疑归而师董梧，以助其色，去乐辞显，三年而国人称之。

## 《列子》

力命　管夷吾、鲍叔牙二人相友甚戚，同处于齐。管夷吾事公子纠，鲍叔牙事公子小白。齐公族多宠，嫡庶并行。国人惧乱。管仲与召忽奉公子纠奔鲁，鲍叔奉公子小白奔莒。既而公孙无知作乱，齐无君，二公子争入。管夷君与小白战于莒，道射中小白带钩。小白既立，胁鲁杀子纠，召忽死之，管夷吾被囚。鲍叔牙谓桓公曰：“管夷吾能，可以治国。”桓公曰：“我仇也，愿杀之。”鲍叔牙曰：“吾闻贤君无私怨，且人能为其主，亦必能为人君。如欲霸王，非夷吾其弗可。君必舍之！”遂召管仲。鲁归之齐，鲍叔牙郊迎，释其囚。桓公礼之，而位于高国之上，鲍叔牙以身下之，任以国政，号曰仲父。桓公遂霸。管仲尝叹曰：“吾少穷困时，尝与鲍叔贾，分财多自与；鲍叔不以我为贪，知我贫也。吾尝为鲍叔谋事而大穷困，鲍叔不以我为愚，知时有利不利也。吾尝三仕，三见逐于君，鲍叔不以我为不肖，知我不遭时也。吾尝三战三北，鲍叔不以我为怯，知我有老母也。

公子纠败，召忽死之，吾幽囚受辱；鲍叔不以我为无耻，知我不羞小节而耻名不显于天下也。生我者父母，知我者鲍叔也！”此世称管鲍善交者，小白善用能者。

然实无善交，实无用能也。实无善交实无用能者，非更有善交，更有善用能也。

召忽非能死，不得不死；鲍叔非能举贤，不是不举；小白非能用仇，不得不用。

及管夷吾有病，小白问之，曰："仲父之病病矣，可不讳。云至于大病，则寡人恶乎属国而可？"夷吾曰："公谁欲欤？"小白曰："鲍叔牙可。"曰："不可。其为人也，洁廉善士也，其于不己若者不比之人，一闻人之过，终身不忘。使之理国，上且钩乎君，下且逆乎民。其得罪于君也，将弗久矣。"小白曰："然则孰可？"对曰："勿已，则隰朋可。其为人也，上忘而下不叛，愧其不若黄帝而哀不己若者。以德分人谓之圣人，以财分人谓之贤人。以贤临人，未有得人者也；以贤下人者，未有不得人者也。其于国有不闻也，其于家有不见也。勿已，则隰朋可。"然则管夷吾非薄鲍叔也，不得不薄；非厚隰朋也，不得不厚。厚之于始，或薄之于终；薄之于终，或厚之于始。厚薄之去来，弗由我也。

## 《管子》

匡君小匡　桓公自莒反于齐，使鲍叔牙为宰。鲍叔辞曰："臣，君之庸臣也。君有加惠于其臣，使臣不冻饥，则是君之赐也。若必治国家，则非臣之所能也，其唯管夷吾乎。臣之所不如管夷吾者五：宽惠爱民，臣不如也；治国不失秉，臣不如也；忠信可结于诸侯，臣不如也；制礼义可法于四方，臣不如也；介胄执枹，立于军门，使百姓皆加勇，臣不如也。夫管仲，民之父母也，将欲治其子，不可弃其父母。"公曰："管夷吾亲射寡人，中钩，殆于死，今乃用之，可乎？"鲍叔曰："彼为其君动也，君若宥而反之，其为君亦犹是也。"公曰："然则为之奈何？"鲍叔曰："君使人请之鲁。"公曰："施伯，鲁之谋臣也。彼知吾将用之，必不吾予也。”鲍叔曰：“君诏使者曰：‘寡君有不令之臣在君之国，愿请之以戮群臣。’鲁君必诺。且施伯之知夷吾之才，必将致鲁之政。夷吾受之，则鲁能弱齐矣。夷吾不受，彼知其将反于齐。必杀之。”公曰：“然则夷吾受乎？”鲍叔曰：“不受也。夷吾事君无二心。”公曰：“其于寡人犹如是乎？”对曰：“非为君也，为先君与社稷之故。君若欲定宗庙，则亟请之，不然，无及也。”公乃使鲍叔行成，曰：“公子纠，亲也。请君讨之。”鲁人为杀公子纠。又曰：“管仲，仇也。请受而甘心焉。”鲁君许诺。施伯谓鲁侯曰：“勿予。非戮之也，将用其政也。管仲者，天下之贤人也，大器也。在楚则楚得意于天下，在晋则晋得意于天下，在狄则狄得意于天下。今齐求而得之，则必长为鲁国忧，君何不杀而受之其尸。”鲁君曰：“诺。”将杀管仲。鲍叔进曰：“杀之齐，是戮齐也。杀之鲁，是戮鲁也。弊邑寡君愿生得之，以徇于国，为群臣僇；若不生得，是君与寡君贼比也。非弊邑之君所谓也，使臣不能受命。”于是鲁君乃不杀，遂生束缚而柙以予齐。鲍叔受而哭之，三举。施伯从而笑之，谓大夫曰：“管仲必不死。夫鲍叔之，忍不僇贤人，其智称贤以自成也。鲍叔相公子小白先入得国，管仲、召忽奉公子纠后入，与鲁以战，能使鲁败，功足以。得天与失天，其人事一也。今鲁惧，杀公子纠、召忽，囚管仲以予齐，鲍叔知无后事，必将勤管仲以劳其君愿，以显其功。众必予之有得。力死之功，犹尚可加也，显生之功将何如？是昭德以贰君也，鲍叔之知，不是失也。”

至于堂阜之上，鲍叔祓而浴之三。桓公亲迎之郊。管仲诎缨插衽，使人操斧而立其后。公辞斧三，然后退之。公曰：“垂缨下衽，寡人将见。”管仲再拜稽首曰：“应公之赐，杀之黄泉，死且不朽。”公遂与归，礼之于庙，三酌而问为政焉，曰：“首先君襄公，高台广池，湛乐饮酒，田猎罼弋，不听国政。卑圣侮士，唯女是崇，九妃六嫔，陈妾数千。食必粱肉，衣必文绣，而戎士冻饥。戎马待游车之弊，戎士待陈妾之余。倡优侏儒在前，而贤大夫在后。是以国家不日益，不月长。吾恐宗庙之不扫除，社稷之不血食，敢问为之奈何？”管子对曰：“昔吾先王周昭王、穆王世法文武之远迹，以成其名。合群国，比校民之有道者，设象以为民纪、式美以相应，比缀以书，原本穷末。劝之以庆赏，纠之以刑罚，粪除其颠旄，赐予以镇抚之，以为民终始。”

## 历代评价

【春秋】

### 孔子

齐有鲍叔……知贤，智也；推贤，仁也；引贤，义也。有此三者，又何加焉？

【战国】

### 墨子

齐桓染（辅佐）于管仲、鲍叔，晋文染于舅犯、高偃，楚庄染于孙叔、沈尹，吴阖闾染于伍员、文义，越句践染于范蠡、大夫种。此五君者所染当，故霸诸侯，功名传于后世。

【西晋】

### 夏侯湛

鲍子愔愔，式昭德音，绸缪敬叔，二人同心，厥芳犹兰，其坚如金，遥遥景迹，君子攸钦。

【东晋】

### 陶渊明

知人未易，相知实难。淡美初交，利乖岁寒。管生称心，鲍叔必安。奇情双亮，令名俱完。

【唐】

## 李白

鲍生荐夷吾，一举置齐相。斯人无良朋，岂有青云望。临财不苟取，推分固辞让。后人称其贤，英风邈难尚。

【唐】

## 杜甫

翻手作云覆手雨，纷纷轻薄何须数。君不见管鲍贫时交，此道今人弃如土。

【唐】

## 高适

丈夫结交须结贫，贫者结交交始亲。世人不解结交者，唯重黄金不重人。黄金虽多有尽时，结交一成无竭期。君不见管仲与鲍叔，至今留名名不移。

【唐】

## 元稹

荣辱升沉影与身，世情谁是旧雷陈。唯应鲍叔犹怜我，自保曾参不杀人。

【宋】

## 刘过

言理不可求，吾将讯苍苍。草木被春华，松柏遭摧伤。才高未为福，名大或不祥。煌煌太史公，逸气横八方。瑞麟出非时，巷伯终见戕。晏婴不可作，鲍叔遥相望。发愤著春秋，掩夺日月光。文章诚可传，毁辱庸何伤。

【宋】

## 司马光

昔鲍叔之于管仲，子皮之于子产，皆位居其上，能知其贤而下之，授以国政；孔子美之。

【宋】

## 曾巩

云中一点鲍山青，东望能令两眼明。若道人心是矛戟，山前那得叔牙城。

【宋】

## 叶适

鲍叔，管仲友也，鲍卑而管贵，美在叔也。

## 鲍叔牙墓

鲍叔牙墓位于济南市历城区鲍山北麓，为济南市政府1995年公布的第二批文物保护单位。鲍叔牙墓共有两层，均用鲍山石铺砌地面。首层东侧立一块石碑，上书“鲍叔牙墓”。台阶正中有“双龙戏珠”石雕。圆形封土堆位于该墓上层正中，直径10余米，高4.5米。墓前石碑，上书“齐大夫鲍叔牙墓”。碑前有石供桌，左右分立一石刻狻猊。石碑背面有鲍叔牙简介。

鲍叔牙墓

鲍叔牙墓
摄于 2020 年

# 宗工巨匠李攀龙

李攀龙（1514—1570），字于鳞，号沧溟，山东济南府历城（今山东济南）人，明代著名文学家。继“前七子”之后，与谢榛、王世贞等倡导文学复古运动，为“后七子”的领袖人物，被尊为“宗工巨匠”。主盟文坛二十余年，其影响及于清初。

## 家世生平

李攀龙生于明正德九年（1514年）四月十八日，先世无所称名，其父李宝去世后因李攀龙赠中宪大夫、顺德知府。攀龙九岁而孤，家无余赀，赖母张氏纺织度日。十八岁入县学为诸生，廪于郡庠。与尚在髫年的殷士儋（后为大学士，有文名）、许邦才（后为王府长史，济南诗人）约为知交。攀龙自幼性情疏放，不耐当时书塾中讲授的经训内容和八股文，人目为狂生。

嘉靖十九年（1540年），攀龙取山东乡试第二名，嘉靖二十三年（1544年）赐同进士出身。此后至嘉靖三十二年（1553年），历顺天乡试同考官、刑部广东司主事、刑部员外郎、刑部山西司郎中，官凡三迁，辗转郎署，官职闲散。此间，攀龙与王世贞、谢榛、宗臣、吴国伦、梁有誉、徐中行等诗酒唱和，旨趣一致，遂结为诗社。其论诗主张，与“前七子”相倡和，形成一个新的文学流派，史称“后七子”。

李攀龙塑像
摄于 2020 年

嘉靖三十二年（1553 年），李攀龙出守顺德（今河北邢台市），为顺德知府。三年任期中，政绩卓著，做过一些既有利于巩固明王朝统治而又给百姓带来一定利益的事。如请蠲民税，减轻百姓负担；政刑宽简，民无冤情；增设驿站，减轻人民劳役负担等。期间创作的诗文，无论赠答抒怀，还是描山摹水，或是关心时政之作，都各具特色。

嘉靖三十五年（1556 年）夏，李攀龙被提升为陕西按察司提学副使。到任不久，难以忍受陕西巡抚殷学挟势倨傲的作风，以母老归养为由，上疏乞归，旨未下即拂衣辞官。在职虽不满一年，李攀龙足迹却遍及区内，在视察府州县学的同时，也游览了各地名山胜迹，留下大量诗文佳作。

辞官归里，李攀龙隐居济南鲍山，专心创作，写就大量诗文。

隆庆元年（1567 年），李攀龙起复，出任浙江按察司副使，隆庆三年（1569 年），诏拜河南按察使。在浙江，诗人曾写诗赞美以“戚家军”为主体的抗倭将士，表现了深厚的爱国之情。在河南任职仅四个月，老母病故，诗人扶柩归里。本来病弱，加上持丧哀痛过甚，攀龙遂卧病不起，于隆庆四年（1570 年）八月十九日暴疾而卒，终年五十八岁。葬历城城郊“牛山之原”，后移药山之麓。

## 文学成就

李攀龙一生创作1400余首诗歌，其诗文，由友人、“后七子”领袖之一的王世贞整理编集为《沧溟集》30卷，其后屡有翻刻，历百年而不衰。他与谢榛、王世贞、宗臣、梁有誉成立诗社，人称“五子”。后徐中行、吴国伦加入，改称“七子”。他们继承以李梦阳为代表的明“前七子”复古文学的主张，要求“文必秦汉，诗必盛唐”，反对为当时统治阶层歌功颂德、内容空洞贫乏的“台阁体”，倡导复古主义的文学运动，形成声势浩大的高潮，前后持续百年之久，影响很大，基本上摧垮统治一时的台阁文体，而他则被尊为“宗工巨匠”。李攀龙诗歌各体兼备，尤以七律、七绝成就最高。其七律声调清亮、词采俊爽。如以“金牛忽见湖中影，铁骑初回海上潮”（《与子与游保俶塔同赋》）来勾勒保俶塔下的西湖，以“浮沤并结金龛丽，飞窦双衔石瓮圆”（《酬张转运龙洞山之作》）形容龙洞山金龛和石瓮情况，虽嫌体物呆滞，但也还能传神。他以“明时抱病风尘下，短褐论交天地间”（《初春元美席上赠谢茂秦得关字》）表现南北奔波的布衣诗人谢榛，以“自昔风尘驱傲吏，还能伏枕向清秋”（《寄元美》）刻画好友王世贞，形象生动；他的某些七绝，也写得自然，还能注意顿挫变化，如《和聂仪部明妃曲》：“天山雪后北风寒，抱得琵琶马上弹。曲罢不知青海月，徘徊犹作汉宫看。”意味隽永，静韵深长。清沈德潜品评此诗说：“不着议论，而一切着议论者皆在其下。”

李攀龙所编《古今诗删》，选各代之诗，影响颇大，后又摘取其中唐代诗歌编为《唐诗选》，成为当时通行的学塾启蒙读本，明清两代，影响超过《唐诗三百首》。

## 李攀龙与白雪楼

嘉靖三十八年（1559 年），李攀龙四十六岁。是年，李攀龙由陕西辞官归里。不久，筑白雪楼于历城殷陈庄村鲍山之阳，榜名“白雪”，取宋玉“阳春白雪，曲高和寡”之义。

位于济南趵突泉公园的白雪楼
摄于 2020 年

李攀龙觅句图
王 兵 绘

隐居白雪楼十年间，李攀龙潜心于此，容不得半点惊扰，杜门谢客，不与权贵往来，一些达官显贵以其接见为荣，学人士子更以其品评来衡定自己的身价。在这十年间，李攀龙创作大量诗文,《沧溟集》的大部分作品都是在这段时间内创作，李攀龙非常喜欢这座小楼，如他《白雪楼》一诗中所咏:“伏枕空林积雨开，旋因起色一登台。大清河抱孤城转，长白山邀返照回。无那嵇生成懒慢，可知陶令赋归来。何人定解浮云意，片影漂摇落酒杯。”李攀龙与王世贞、殷士儋、许邦才等人诗酒往还，优游于湖山之间。以流畅清新的笔触绘就华不注、大明湖、佛慧山、龙洞等地的秀丽风光，最终纂成《白雪楼诗集》，其后，李攀龙又于大明湖南岸百花洲中筑楼，人称“湖上白雪楼”，楼建水中央，四面环以水，须以舟渡。李攀龙去世数十年之后，为纪念这位诗文大家，明万历年间，时任山东布政使的叶梦熊出资在趵突泉畔，李攀龙少时读书处，建起第三座白雪楼，以表达追慕之情，该楼清初倾圮。清顺治年间，时任山东布政使的张缙彦在原址再次重建“泺源白雪楼”，该楼在 1956 年因年久失修而被拆除。1995 年，济南市政府在泺源白雪楼遗址上重新修建白雪楼。

## 李攀龙年谱

李攀龙字于鳞，号沧溟。

王世贞《李于鳞先生传》（以下简称《王传》）：“李于鳞者，讳攀龙，其家近东海，因自号沧溟云。”《明史·文苑传》李攀龙本传（以下简称《明传》）：“李攀龙，字于鳞。”

历城人。

《王传》：“于鳞之先世，济南历城人。”明置济南府，为山东布政司治所。济南府治历城县，其地即今山东济南市历城区。相传攀龙故居在历城区王舍人庄东北，东韩仓约十里，今已不存。清代著名诗人田雯曾访白雪楼遗迹，作有《韩仓访白雪楼遗迹》一诗。

明武宗正德九年（1514年），李攀龙生。

《王传》攀龙卒于“岁庚午八月二十日也，年五十有七。”上溯知生于是年。《王传》：“父宝……继娶于张，梦日入怀，而生于鳞。”

殷士儋《诰封赠中宪大夫顺德知府李公合葬墓志铭》：“李公讳宝，字来贡，其先长清人。曾祖思道生祖祯，始徙历城龙山镇。父曰端。端少孤，奉母再徙郡西门。贫不自给，则往会博徒，一掷箕钱数万，遂为西门大贾矣。以令里中少年，里中少年改业从之者，亦无不千金大贾也。又好施予，多以金振贫乏，给丧葬，郡中子弟德而貌祠之，至今有伏腊焉。……李公倜傥，负奇气，早由郡诸生入赀为德懿王典膳。”初娶郭氏，生二子。郭氏死后，续娶张氏，生攀龙。据说张氏怀孕时曾梦日入怀，被认为是吉祥的征兆。李攀龙任顺德知府后，其父赠中宪大夫、知府，母封太恭人。

明世宗嘉靖元年（1522年），李攀龙九岁。

是年，遭父丧。殷士儋《贺李贞母封太安人序》：“初，典膳君之没也，太安人春秋才二十有八，于鳞方九龄，二季犹在褓。”《王传》：“于鳞生九岁而孤，其母张影相吊也。”母张氏因为后室而受祖母歧视，被迫与祖母分居，李攀龙及尚在幼龄的两个弟弟，倚其纺绩，艰苦度日。贫不自给，攀龙无力交纳学费，在家自学。《为太恭人乞言文》：“不肖年九岁为迪功君遗孤，太恭人年二十八岁襁褓二弱弟称未亡人。……出各僦别舍，太恭人所分仅支朝夕，母子煦煦相哺也。取济西田……贷息没入富农，迁庐学宫傍，属不肖壹读迪功君书，伏腊向经师脩，脱簪珥取给焉。不肖奇蹇，罔所抡录，又家徒四壁立，太恭人困于女红，最辱洴澼，勿恤为之，指手至胝龟，率日一饭，即再飧，必鲜饱。二弱弟在穷间，与佣保杂作。”

嘉靖二年（1523年），李攀龙十岁。

是年出就外傅，与殷士儋、许邦才结髫龀交。《王传》：“补博士弟子，与今左长史许君邦才、少保殷公士儋结髫龀交。”殷士儋《梁园集序》：“盖余与殿卿、于鳞两人者游也，时余且稚岁。”殷士儋字正甫，历城人。嘉靖二十六年丁未（1547年）进士，隆庆年间，官至大学士，卒赠太保，谥“文庄”。著有《金舆山房稿》。许邦才字殿卿，历城人。嘉靖二年癸未（1523年）解元，官至周王府长史，为济南著名诗人，著有《瞻泰楼集》《海右倡和集》等。李攀龙与殷士儋、许邦才终生为友，集中载有往来的诗文、书信。《殷母太孺人序》:“余年十五六时，学《毛氏诗》于同郡张先生所，与正夫同师。”

嘉靖九年（1530年），李攀龙十七岁。

是年，与徐氏结婚。《王妻徐恭人状》:“亡妻恭人，徐公宣之仲女，徐公家本藩国列校，微也，嘉靖岁庚寅，以适余，衿褵不具，”据《为太恭人启言文》，李攀龙是年设馆讲授《毛诗》，所得酬金，略补家用。殷士儋《李恭人徐氏墓志铭》:“恭人年十七来归，实衿褵不具也。公虽补郡诸生，家徒四壁立，或至不继饔飧。”

嘉靖十年（1531年），李攀龙十八岁。

是年，为诸生，廪于府学。著名文学家王慎中任山东提学佥事，十分欣赏攀龙的文章，将其列为府试第一。而他却更加厌恶时师训诂，在学习期间经常吟哦古代诗文。那些只会读八股文的诸生，不知他读的是什么，都说攀龙是“狂生”，而他夷然不屑，大言:“吾而不狂，谁当狂者！”《王传》:“晋江王慎中来督山东学，奇于鳞文，擢诸首。然于鳞益厌时师训诂学，间侧弁而哦若古文辞者。诸弟子不晓何语，咸相指于鳞:‘狂生！狂生！’于鳞夷然不屑也。曰:‘吾而不狂，谁当狂者！’”

嘉靖十九年（1540年），李攀龙二十七岁。

是年，中乡试第二名。殷士儋《明故嘉议大夫河南按察司按察使李公墓志铭》（以下简称《殷志》）:“庚子，乡荐第二人。”

嘉靖二十年（1541年），李攀龙二十八岁。

是年，置蔡氏妾。殷士儋《李恭人徐氏墓志铭》:“嘉靖庚子，公举于乡，明年，置妾蔡。”

嘉靖二十三年（1544 年），李攀龙三十一岁。

是年，赐同进士出身，试政吏部文选司。徐氏陪侍李母赴京，《殷志》:“甲辰，赐同进士出身，试政吏部文选司。”殷士儋《李恭人徐氏墓志铭》。“甲辰第进士，恭人陪侍太恭入京邸。”

是年八月，阁臣翟銮削籍归里，九月权奸严嵩加太子太傅，晋兼吏部尚书、谨身殿大学士，十二月加少傅，始独揽朝政。鞑靼俺答袭掠至京师，京师戒严。兵退，嘉靖皇帝归功神佑，加方士陶仲文少师。

嘉靖二十四年（1545 年），李攀龙三十二岁。

是年，以疾告归，随侍其母归济南。《殷志》:“乙巳，以疾告归。归则益发愤励志，陈百家言，附而读之，务勾其微，抉其精，取恒人所不解者，舍之以绩学。盖文自西汉以下，诗自天宝以下，若为其毫素污者，辄不忍为也。”使其复古文学主张初步形成。

是年初，诏流民复业，凡开垦闲田者免除赋税。俺答屡屡侵犯大同、宣府、延安等地，边将屡被杀害。总督宣大兵部侍郎张汉下狱、谪戍。九月，夏言入阁。

嘉靖二十五年（1546 年），李攀龙三十三岁。

是年，起家返京，聘充顺天乡试同考官，简拔多奇才。《殷志》:“丙午，还京师，聘充顺天乡试同考官，简拔多奇士。”

嘉靖二十六年（1547 年），李攀龙三十四岁。

是年，授刑部广东司主事。《殷志》:“丁未，授刑部广东司主事。”

是年春，王世贞、汪道昆、李先芳、殷士儋等进士及第。世贞试政大理司，士儋选庶吉士，投授翰林院检讨。

是年，李攀龙加入李先芳所倡诗社，王世贞亦于同年加入。李先芳，字伯承，濮州（今鄄城）人。在考取进士前，伯承诗已名噪齐鲁，其诗好古，曾拟古乐府，情趣与李攀龙、王世贞相近，后被王世贞列为“广五子”之一。《四库全书总目提要》卷一七七：“李先芳……嘉靖丁未进士，官至尚宝司少卿，……嘉、隆诗社，先芳首倡，厥后王、李踵兴，遂摈斥先芳，不与‘七子’之列，继以先芳愤激，乃收之‘广五子’中。”

嘉靖二十七年（1548 年），李攀龙三十五岁。

是年，王世贞授刑部主事，与李攀龙成为同僚，并通过李先芳介绍，与李攀龙结识、定交，相与切磋古文辞，倡始文社。《明史·李攀龙传》：“攀龙之始官刑曹也，与濮州李先芳、临清谢榛、孝丰吴维岳辈倡诗社。王世贞初释褐，先芳引入社，遂与攀龙定交。”王世贞《吴峻伯先生集序》：“是时，济南李于鳞，性孤介，少许可，偶余幸而合，相切磋为西京、建安、开元语。”《殷志》：“又明年，授广东司主事。于鳞既以古文辞创起齐鲁间，意不可一世学，而居曹无事，悉取诸名家言读之，以为纪述之文，厄于东京、班氏姑其佼佼者耳。不以规矩，不能方圆，拟议成变，日新富有。今夫《尚书》《庄》《左氏》《檀弓》《考工》《司马》，其言班如也，法则森入也。音摭其华而裁其衷，琢字成辞，属辞成篇，以求当于古之作者而已。操觚之士，不尽见古作者语，谓于鳞师心而务求高，以阴操其胜于耳目之外而骇之；其骇与尊赏者相半，而至于有韵之文，则心服靡间言。盖于鳞以诗歌自西京逮于唐大历，代有降而体不沿，格有变而才各至；故手法必有所增损，而纵其夙授，神解于法之表，句得而为篇，篇得而为句。即称古作者，其已至之语，出入于笔端而不见迹；未发之语，为天地所秘者，创出于胸臆而不为异。亡论建安而后诸公，有不遍之调，于鳞以全收之：即其偏至而相角者，不啻敌也。”“于鳞以修古先鸣，盖与元美为桴鼓”（汪道昆《太函集·明故通奉大夫江西左布政使徐公墓志铭》）二人彼此呼应，配合默契，共同举起“文学复古”的旗帜。

是年，李先芳出任新喻知府，李攀龙有《送新喻李明府伯承》诗。

是年，嘉靖皇帝宠信严嵩及锦衣卫掌事陆炳，杀兵部尚书曾铣、阁臣夏言，朝政日非。

嘉靖二十八年（1549 年），李攀龙三十六岁。

是年，迁刑部员外郎。谢榛因卢柟冤狱说项，与李攀龙王世贞结交，经常聚会论诗、唱和。谢榛《四溟诗话》：“浚人卢浮丘，豪俊士也，负才傲物，人多忌之。曾以诗忤蒋令，令枉以疑狱，十五年不决。余爱其才，且悯其非罪，遂之都下，历于公卿间，暴白而出之，”又：“己酉岁中秋夜，李正郎子朱延同部李于鳞、王元美及余赏月，因谈诗法。”

嘉靖二十九年（1550 年），李攀龙三十七岁。

是年，迁刑部山西司郎中。徐中行、梁有誉、宗臣、吴国伦及张佳胤等同举进士。张佳胤出为滑县令，徐、梁、宗并授刑部主事，吴授中书舍人。

是年八月，鞑靼俺答沿潮河川岸南下，进犯古北口，直抵北京城下，在京郊焚掠八日后自行撤退，明军不敢追击，史称“庚戌之变”。

《早春元美公实茂秦华严精舍同赋》《经华严废寺为虏火所烧》二诗应作于是年。谢榛有《元夕同李员外于鳞登西北城楼望郊外人家时经虏后慨然有赋》一诗。

嘉靖三十年（1551年），李攀龙三十八岁。

是年，宗臣、梁有誉、徐中行加入诗社，是为“五子”，后谢榛、吴国伦相继入社，始有“七子”之目。梁有贞《梁比部行状》：“辛亥，授刑部山西司主事，徐子与（中行）亦为同舍郎，于时山东李于鳞（攀龙）、吴都王元美（世贞）、广陵宗子相（臣）、武昌吴明卿（国伦）、山人谢茂秦（榛）一时同社，意气文章，声走海宇，称为‘中原七子’云。”

嘉靖三十一年（1552年），李攀龙三十九岁。

是年，李攀龙侍母归济南。谢榛于是年春入诗社，七月离京。《四溟诗话》：“嘉靖壬子春，于游都下，比部李于鳞、王元美、徐子与、梁公实、考功宗子相诸君延入诗社。”此后梁有誉谢病归，王世贞亦借公差于是年冬返太仓省亲，自此“七子”星散各地。《七夕集元美宅送茂秦》《送谢茂秦》《送公实还南海》《送元美》诸诗应作于是年。

嘉靖三十二年（1553年），李攀龙四十岁。

是年秋，出守顺德，任直隶顺德府（今河北邢台市）知府，有治绩。请求并得黜免种马场赋税；请求并允许原为保证境内自给而后输送京师的永济仓留用；因顺德地狭民贫，经请求得免部分劳役；建议北直隶、河南、山东诸处以粮食抵赋税以利民。其他，如治安、防盗、平诉讼等。

是年，谢榛被摈斥于“七子”之外。王世贞《艺苑卮言》：“又明年，而余使事竣还北，于鳞守顺德，出茂秦，登吴明卿（国伦）。”

是年，兵部员外郎杨继盛劾严嵩十大奸恶，被杖下狱。鞑靼袭扰北边，倭寇犯沿海，河南人师尚诏起义，内忧外患，明朝危机加重。

嘉靖三十三年（1554年），李攀龙四十一岁。

官顺德，意颇不自得。谢榛、吴国伦、张佳胤等均曾过访，有诗纪其事。如《于郡楼送茂秦之京》《同张滑县登清风楼》《送张肖甫出计闽广》二首等。写景佳作《登黄榆、马陵诸山，是太行绝顶处》四首以及忧时念乱的《春兴》等，约作于该年前后。

是年，南昌余曰德德甫入社。

是年孟冬，梁有誉病故。

嘉靖三十四年（1555年），李攀龙四十二岁。

是年春，梁有誉讣闻至，作《哭公实》六首。王世贞、吴国伦、宗臣在京闻讣，走书告攀龙。王世贞《弇州四部稿·哀梁有誉序》：“嘉靖甲寅孟冬，友人梁有誉以疾卒于南海。明年乙卯春，讣至自南海，故善有誉者武昌吴国伦、广陵宗臣、吴郡王世贞相与为位哭泣燕邸中，又走书西南报李攀龙、徐中行，哭如三人。”

是年十二月，赴京上计，得与诸子欢聚。

是年，四川铜梁张佳胤入社。王世贞《弇州山人续稿》卷一一〇：“即有李攀龙、徐中行、梁有誉、吴国伦、宗臣及余世贞者，与德甫相切劘为古文辞。有誉死，而得张佳胤，名籍籍一时，或比‘邺中七子’。”

嘉靖三十五年（1556年），李攀龙四十三岁。

是年正月，王世贞出使察狱畿辅，八月至顺德，过访攀龙，十月，授山东按察司副使，兵备青州。《送河南按察副使王公元美自大名之任浙江左参政序》："嘉靖丙辰，公既领治狱使者……乃从某三日而谳顺德，又五日而谳广平，又十日而谳大名。既告竣役，余乃从公大名，命卢柟携谢榛交相劳也。"是年三月，吴国伦谪江西，有《于郡城送明卿之江西》四首。攀龙上计称"最"，上官交荐，陕西按察司提学副使。《殷志》："比三年，有十数最书，擢陕西按察司提学副使。"

是年秋末冬初，攀龙赴任。

嘉靖三十六年（1557年），李攀龙四十四岁。

是年，视察府县，行经陕西各地，均有诗文纪其行。如《崆峒》《平凉》《上郡》《杪秋等太华山顶》四首、《太华山记》等。《乞归公移》："到任以来，所历西延平庆等处，往还四千余里，考过府卫州县生童六十余处。"

嘉靖三十七年（1558年），李攀龙四十五岁。

是年秋，上《乞归公移》，不答，遂拂衣东归。《王传》："亡何，其乡人殷中丞来督抚，以檄致于鳞，使属文，于鳞不怿曰：副使，而属；视学政，非尔属也！且文可檄致耶？会其地多震动，念太夫人老家居，遂上疏乞骸骨，拂衣东归。吏部才于鳞而欲留之，度已发，无可奈何，为特请予告。故事，外臣无予告者，仅于鳞与何仲默二人耳。"《殷志》所载同，都谓攀龙因不满陕西督抚殷学的颐指气使，与念老母年老家居而东归。而据初归时所作《拂衣行答元美》

《岁杪放歌》等诗看，他或有不可明言的原因在。

嘉靖三十八年（1559年），李攀龙四十六岁。

是年正月，与王世贞相会于济上。不久，筑白雪楼于历城东郊，杜门谢客，优游于济南湖山之间。自此隐居，十年不起。时髫年好友殷士儋在告家居，许邦才任德王府长史，济南诗人袭勋等，常诗酒往还。其间，作拟乐府、拟古诗，进一步倡导文学复古，执天下文柄，名声日隆。《王传》"于归则构一楼田居。东眺华不注，西揖鲍山……绣衣直指、郡国二千石，干旄屏息巷左，纳履错于户，奈于鳞高枕何。……而二三友人，独殷、许过从靡间。……于鳞乃差次古乐府拟之，又为《录别》诸篇及它文益工，不胫而走四裔。"

攀龙晚年曾在大明湖南边百花洲上建白雪第二楼，亦称南楼。鲍山白雪楼废圮后，明万历年间，山东按察使叶梦熊重建于趵突泉上；清道光年间，攀龙九世孙献方重修。原楼已于解放初拆除，今在其旧址重建白雪楼。

嘉靖四十二年（1563年），李攀龙五十岁。

是年，刊刻《白雪楼诗集》十卷行于世。《四库全书总目·集部·别集类存目四》："此集刻于嘉靖癸亥，犹在《沧溟集》前。前有魏裳序，又有《拟古乐府序》二篇，一为历城许邦才撰，一为攀龙自序。"

明穆宗隆庆元年（1567年），李攀龙五十四岁。

是年，隆庆改元，由工部尚书朱衡等极力推荐，起为浙江按察副使。受任未发之际，七月二十四日徐氏夫人卒。料理徐氏丧事后赴任，十二月渡江，在吴门与元美兄弟相遇，诗酒流连三日，逼除抵任。

隆庆二年（1568 年），李攀龙五十五岁。

是年三月，至自摄海，阅兵海上，支持抗倭军事，与协守浙江的总兵官刘显过从密切，有《大阅兵海上》诗、《报刘都督》等友朋书信纪其事。四月，与子与盘桓西湖之上，凡二十天而别。五月，迁参政。六月，以贺东宫赴京，途中探视元美兄弟，过家觐省。九月初抵京，九月三日入见帝。十月，抵济南，将赴浙江，十二月河南按察使的任命已下，浙江参政由元美取代。

隆庆三年（1569 年），李攀龙五十六岁。

是年正月，元美自大名至济南拜谒李攀龙。二月，奉其母抵河南任所，与许邦才欢聚。三月，子与抵武昌，并告明卿抵高州。

隆庆四年（1570 年），李攀龙五十七岁。

是年四月，李母卒，攀龙持丧归济南。守丧时哀伤过度，毁顿异常，八月十九日暴病而亡。《殷志》："越四月，而太恭人卒。于鳞持丧归，甚毁，及小祥而渐平。无何，暴疾，再日而绝，岁庚午八月二十日也，五十有七。"王世贞《祭于鳞文》："维隆庆四年八月十九日，河南按察司按察使，沧溟李先生卒于苫次。"据《殷志》，攀龙卒后第二年，即隆庆五年辛未春三月十一日葬于历城东郊牛山之原，后迁祖兆历城西五里药山南麓。

据《李攀龙行年事迹考略》整理

原文载李伯齐《李攀龙研究资料汇编》

# 艺文杂记

# 诗文选粹

## 登华不注望鲍山

〔北宋〕曾巩

云中一点鲍山青，东望能令两眼明。

若道人心是矛戟，山前那得叔牙城。

曾巩（1019—1083），字子固，汉族，建昌军南丰（今江西省南丰县）人，后居临川，北宋散文家、史学家、政治家。位列唐宋八大家，世称“南丰先生”。

## 鲍山

〔明〕王象春

因从白雪楼边过，古店荒碑动我情。

云雨山头谁覆手，行人不见叔牙城。

王象春（1578—1632），明末诗人。原名王象巽，字季木，号虞求，别号山昔湖居士，新城（今山东淄博市桓台县新城镇）人，清初文学家王士祯从祖。万历三十八年进士第二，官至南京吏部考功郎，终因刚直而免官归田。象春才气奔轶，诗宗前后七子，诗文结集为《齐音》（亦题《济南百咏》）《问山亭集》。

## 鲍山

〔清〕朱曾传

杯酒何能破旅颜，尘埃如雾两眉间，
黄金散尽知交绝，岁岁疲驴过鲍山。
行路何缘知仲贫，何知仲有白头亲。
痴儿一斗模糊泪，日暮空山哭古人。

朱曾传，字式鲁，历城人。有《说饼庵诗集》。

## 鲍山怀古

〔清〕马国翰

古人心迹问寒山，久把黄金视等闲。
天下才唯怜旧友，平生志不忘时艰。
千古荒径石苔碧，一带斜阳木叶殷。
谁过峰前为惆怅，西风空送鸟声闲。

马国翰（1794—1857），清文献学家、藏书家。字词溪，号竹吾。济南历城人。

## 过鲍山

〔清〕何家琪

齐才贫贱有，世道古来难。
何处寻知己，孤鞭过鲍山。

何家琪（1843—1905），文学家。字吟秋，号天根，又号天根子。河南封丘人。清光绪元年（1875年）举人，官洛阳县教谕，迁汝宁府教授。

## 鲍家山

〔清〕李畜

村舍落霞处，遥遥似倒悬。
深林藏白日，群嶂缩青天。
夺路泉争捷，行空鸟让先。
忽惊彩岫里，出入尽云烟。

李畜，清代诗人，生平不详。

## 鲍山

〔清〕徐夜

人情非古今，此山自终古。
不有管鲍交，此山岂成土。
父情不耐看，山石难遽铲。
请将山头石，磨君双泪眼。

徐夜（1611—1683），字东痴，更字嵇庵，初名元善，字长公，山东新城人。著有《东痴诗钞》。

## 鲍城

〔清〕董芸

东望鲍山驿路斜，荒烟落日起林鸦。

可怜交道今如土，谁把黄金铸叔牙。

董芸，字香草，号书农，清代济南府平原县人，诗人，生卒年不详，清嘉庆三年（1798 年）举人。继王象春《齐音》后，又作《广齐音》（又称《济南诗咏》）百首，吟咏济南的优美风光。还著有《历下山水纪略》《半隐园诗集》。

## 鲍叔城

〔清〕乔岳

琐屑分众事，贫交可胜情。

千秋知己泪，独洒叔牙城。

不有淮阴贵，谁传漂母名。

还应一匡业，待此两贤成。

乔岳，清代诗人，生平不详。

## 重过鲍城

〔清〕石丹文

秋风秋雨鲍山行，千载重寻鲍叔城。

偏是襟怀劳怅望，能无意气动公卿。

深交不得嫌三逐，创霸须教展一生。

世上悬多知己感，分金仍与共功名。

石丹文，清代诗人，生平不详。

## 过鲍叔牙故里

〔清〕杨思琪

叔牙轶事久如新，故里经过拜路尘。
讵止友朋感知己，朝廷须此荐贤人。

杨思琪，清代诗人，生平不详。

## 鲍山拜叔牙墓

〔清〕田雯

窈窕松路深，迢递成孤往。
雨湿乌角巾，花沾红藤杖。
遗迹不可导，但听樵唱响。

田雯（1635—1704），字纶霞，又字紫纶，号山姜，晚号蒙斋，济南府德州（今德州市德城区新湖街道办事处吕家街）人；田雯学识渊博，工诗文，其诗风雄伟奇丽，诗名几乎与当时诗坛上的盟主、“神韵派”诗人王士祯相颉颃，有“齐鲁二贤”之誉。

## 鲍叔祠

〔清〕黄景仁

谁道人心不可淳，此公祠庙至今新。
能知有母真良友，若解分财已古人。
倦客饱看翻覆手，短歌聊当送迎神。
略嫌慷慨龙门笔，尚有恩仇气未驯。

黄景仁（1749—1783），清江苏武进人，字仲则，一字汉镛，号鹿菲子。诸生，与同乡洪亮吉知交。从邵齐焘问学。出游皖、赣、湘一带，又受安徽学政朱筠邀，入其幕府。最后自京师往陕西，至解州病卒。诗负盛名。有《两当轩集》。

## 过鲍叔牙故里

〔清〕王夏

旧是高贤里，短垣禾黍深。
每经残碣下，无限故人心。
日暮客投宿，鸟鸣风满林。
萧然对尊酒，孤馆夜沉沉。

王夏，清代山东胶州人，字蜀子，号大柱。乾隆诸生。喜为诗。

## 韩仓道中怀李沧溟

〔清〕张元

落日韩仓道，怀贤惨客颜。

诗名犹白雪，墟里但青山。
七子琴樽冷，千秋林壑闲。
惟余幽涧水，日夜送潺湲。

张元，字殿传，淄川人，约清雍正中期在世。有《绿筠轩诗》四卷，《四库总目》传于世。

## 白雪楼怀李于鳞

〔清〕于祉

茫茫三百余年后，杖策来寻白雪楼。
历下文章真洒落，济南草木亦风流。
山陵尚带嘉隆色，渤海应陪王谢游。
太息斯贤随劫去，桑田一度使人愁。
楼宇无人粉碧残，依然百尺旧诗坛。
烟云飞去冲尘座，燕雀归来扑画栏。
娄水波沉鱼雁邈，虞山客去斧斤寒。
才名仍数沧溟叟，华鹊峰高天际看。

于祉（1788—1869），（宋元明清书画家年表作于芷）。字燕受，号澹园，又号逸樵、独笑生，山东潍县（今潍城区）人。

## 过王舍庄吊李沧溟

〔清〕刘大绅

鹊华山色峙秋阴，白雪高楼不可寻。
一代才名争俯首，百年訾议少平心。
已无通子愁难尽，未嫁樊姬恨转深。
只惜四溟真国士，如何中道弃遗簪。

刘大绅，字寄庵，云南宁州（今华宁）人，生卒年不详。清代学者、诗人。

## 白雪楼怀李沧溟

〔清〕符光纶

曾读先生七字诗，元龙湖海气争奇。
域中冠盖萧疏日，楼上云烟供养时。
日雨鲍山成寂寂，斜阳故宅黯离离。
残花野草西郊路，凄绝当年卖饼姬。

符光纶，清代诗人，生平不详。

## 白雪楼怀李于鳞

〔清〕廖炳奎

白雪高歌久擅名，诗楼独踞济南城。
中原劲敌推元美，同里登坛让殿卿。
金铸浣花非伪体，笺题删草有唐声。

须知貌似输神似，耳食多教误后生。

廖炳奎，清代诗人，生平不详。

## 白雪楼怀李沧溟

〔清〕王大堉

丁香湾，韩仓路，白雪楼，吊荒雾。
趵突东，飞观空，歌声渺，悲高风。
当年笑傲楼之里，长啸登临呼月起。
情深汲引殷少年，契雅风流许右史。
齐气还从我辈出，至今人叹风尘李。
嗟呼！
笔花开处痛呕心，一曲阳春有古音。
蔡姬老去遗孤死，魂兮归来泪满襟。
苍茫不见倚楼客，使我哀歌头雪白。

王大堉，字秋坨，天津人，清代道光时期诗人。生卒年不详。

## 白雪楼怀李沧溟

〔清〕嵇文俊

白雪有名楼，高凌碧落秋。
窗中横岱岳，槛外小齐州。
作者今谁继，斯人不可求。

长讴意无限，明月照当头。

嵇文俊，清代诗人，生平不详。

## 五哀诗怀沧溟

〔明〕李先芳

鲍山宿草几经秋，历下犹传白雪楼。
白雪调高人寡和，鲍山云尽水空流。
断肠魂梦通今夕，握手交情忆昔游。
晓倚东门占紫气，真人傥许驾青牛。

李先芳（1510—1594），字伯承，号北山，祖籍湖北监利，其祖迁居濮州李庄（今山东鄄城李进士堂）。

## 登白雪楼怀于鳞

〔明〕边习

泺源风景冠齐州，更筑诗豪白雪楼。
人拟古今双学士，天开图画两瀛洲。
云间黄鹤还飞去，海上沧波欲倒流。
聚散存亡徐感慨，转怜花鸟不知愁。

边习，明代历城人，生卒年不详。能诗，有《边仲子诗》一卷。

## 鹊华桥吊李沧溟（桥东北数步·即白雪楼旧址）

〔清〕张元

莲子湖边芦荻秋，鹊华桥上月如钩。
西风云水空萧瑟，何处诗人白雪楼？
一代珠槃付黍离，青山白纻夕阳迟。
谁知宿草寒烟外，犹有词人问蔡姬。
雅奏钧天曲甫终，阿谁撼树逞词雄。
总然吹索无余地，来抵黄门论至公。
白雪声停日又斜，柘枝迓鼓竞喧哗。
君看水火分争后，毕竟何人是大家。
七子琴樽翰墨场，风流异代付沧桑。
百花洲畔休回首，寥落湖山半夕阳。

## 白雪楼怀沧溟先生

〔清〕李杜

山色明鹊华，湖光漾莲子。
白雪起高楼，齐风畅宗旨。
七子共登坛，沧溟执牛耳。
左顾扼茂秦，右顺携元美。
做吾其长夜，沾沾时自喜。
想见敞楼窗，岸帻凭乌几。
脱稿未经旬，已贵长安纸。
江河万古流，颓风挽正始。

竟陵尔何人，腾口肆讥毁。
虞山既代兴，尤于公集矢。
声华竟消沉，泠泠逐流水。
俯仰百年间，高楼亦再徙。
蔓草独行吟，怀古情何已。

李杜，清代诗人，生平不详。

## 白雪楼吊李攀龙用王秋史《张中丞南溟黄方伯天驭重葺白雪楼纪事四首》原韵

〔清〕邹在衡

有明一代诗，人才可指数。
济南名士多，历下冠裳聚。
堂堂边尚书，诗坛树旗鼓。
后来李先生，高楼俯花坞。
著作满其中，交游遍寰宇。
一时殷许传，盛称谁领取？
黄金铸像无，白雪此名古。
时移世更湮，修葺少缀补。
评论感废兴，漫挥同色麈。
楼趾傍名泉，闲云对舒卷。
趵突映凌空，十丈冰荷颤。
暇思廉访公，文场经转战。

抡才嘉靖间，等毫上朵殿。
一麾守顺德，政行如邮传。
视学关陕中，下士药笼选。
拂衣返故乡，宦海感迁变。
再起视按察，归路春风暄。
所幸令子贤，传家有石砚。
抗衡只弇州，此外皆余子。
斯楼海内无，独冠齐之里。
一在鲍山南，其初卜筑此。
一在明湖滨，殿卿诗可拟。
后人重葺之，乃在泉上耳。
深埋一代文，销沉百才士。
缠绵太仆书，零替诗书第。
不如华泉边，五子得并峙。
身后剩朝云，僦屋向湫市。
慨想会敦盘，楼下驻朱毂。
论诗谁主盟，共逐中原鹿。
眼界开百年，心源倾万斛。
雅颂审元音，琅玕露披腹。
弘正五子后，得公可称六。
盛名常不坏，岂止庸庸福。
我读《沧溟集》，大才久心服。
古迹渺荒烟，披寻到空谷。

往哲未云遥，雄风定可复。

邹在衡，清代诗人，撰有《邹氏恩恤全录》，生卒年不详。

## 白雪楼李沧溟

〔清〕王湾

胜代一攀龙，心香接杜公。
楼中歌白雪，梦里冷青枫。
窗拓莲湖月，毫挥鲍岫风。
重寻鸿爪迹，又到趵突东。

王湾，清代诗人，生平不详。

## 寄题李于鳞白雪楼·屏息卷

〔明〕徐中行

寥廓谁论碣石宫，千秋作者此楼中。
自非海岳开天造，安得文章有国工。
抚轸阳春回黯淡，挥毫寒色散鸿蒙。
杜门莫怪常高卧，郢调人间未易同。

徐中行（1517—1578），明代文学家，“后七子”之一，字子舆、一作子与、号龙湾，又称天目山人，湖州长兴人（今属浙江）。

## 白雪楼

〔明〕王象春

荒草深理一代文，蔡姬典尽旧罗裙。
可怜天半峨眉雪，空自颓楼冷暮云。

## 题白雪楼

〔明〕魏裳

郢调凄凉思转幽，卜居还依鲍山丘。
初凝海气能成市，不道仙人独有楼。
乘兴好看明月上，登高长啸白云秋。
琴心自在谁堪识，且听巴人下里讴。

魏裳，明湖广蒲圻人，字顺甫。生卒年不详。嘉靖二十九年进士。以刑部侍郎出任济南知府，有惠政，晋山西副使，罢归。遂闭门著书，从学者颇多。工诗文，王世贞称其为后五子之一。有《云山堂集》《湖广通志草》。

## 白雪楼

〔明〕任弘远

白雪声名压建安，我来凭吊怅盘桓。
鲍山还送经秋碧，鹊水谁吟带雨寒。
漫向楼中寻彩笔，但从图上亿红栏。
可怜诗酒风流地，明月无人驻马看。

任弘远（1677—？），字仔肩，号泺湄，清代康雍乾年间济南诗人。编有《趵突泉志》。

## 韩仓访白雪楼遗迹

〔清〕田雯

直过丁香湾，便入韩仓谷。
谷口阒无人，鸟声媚幽独。
萝花络长松，雨晴如膏沐。

## 白雪楼

〔清〕董芸

好事争图白雪楼，鲍山苍翠矗高秋。
钟谭凋谢虞山死，始信江河万古流。

## 访李沧溟白雪楼故址

〔清〕陈超

岂有文章敌两京，婴儿学语太相轻。
百年文献空遗迹，七子风骚此主盟。
少事茂秦甘首俯，晚于元美独心倾。
杜陵野老终怜旧，落月枫林无限情。
同郡伊谁属替人，新城晚出更清新。
人天色相非优孟，毛羽文章亦凤麟。
名重启容朋好绝，政清才得子孙贫。

过情毁誉吾何敢，先辈风标自有真。

陈超，字元圃，历城人，生卒年不详。道光壬辰举人。编有《元圃诗钞》。

## 济南怀古得白雪楼

〔清〕宋弼

叔牙山畔暮云黄，白雪高楼旧迹荒。
豪气曾闻渺余子，雄风终古擅词场。
中原有约随鞭弭，楚客何心换羽商。
惆怅前时高咏处，百花洲上亦苍凉。

宋弼（1703—1768），字仲良，号蒙泉，清德州（今陵县宋家集）人。著有《蒙泉诗集》《思永堂文稿》《州乘余闻》，编有《广川诗钞》和《山左明诗钞》等。

## 白雪楼歌

〔清〕朱兰

白雪楼空剩残碣，词人老去英华歇
青燐衰草半荒苔，二百年来空明月。
当时七子势凭陵，中原虎视狎齐盟。
宗徐梁吴皆卓绝，酒酣或欲呼骑兵。
吁嗟乎！
风流云散白雪楼，乾坤浩气无人收。
竟陵公安新帜举，从此齐人皆楚语。

## 又白雪楼

百尺高居当卧游，擅名白雪亦清幽。

当时笑傲成歌咏，几辈殷勤作唱酬。

朱兰（1799—1873），字久香，号耐庵，浙江余姚城关人。

## 白雪楼

〔清〕李西堂

高楼摇白雪，望重古齐州。

邈矣先生远，巍然胜迹留。

大才雄七子，诗卷历千秋。

壮得湖山色，清风足上头。

李西堂，字春池，滋阳人。生卒年不详。诸生。有《晚悔堂诗集》。

## 李沧溟白雪楼故址

〔清〕蒋因培

何处高楼认旧题，断烟衰草太凄迷。

雪飘容易能歌郢，风大无端尚说齐。

论定文章谁毁誉，生前坛坫有攀跻。

不知自事山公贵，可向林中绝阮嵇。

蒋因培（1768—1838），清江苏常熟人，字伯生。国子监生。有《乌目山房诗录》。

## 白雪楼

〔清〕谢九锡

一代才名白雪装，罗裙典尽足风流。

西郊卖饼人何处，白尽胡笳蔡女头。

谢九锡，山东鱼台人，生卒年不详。清朝政治人物。贡生出身。

## 暇日出游杂成

〔清〕吴振棫

沧溟气压凤麟洲，空自名高白雪楼。

流水孤村斜照外，啼鸟声散鲍山秋。

吴振棫（1792—1870），浙江钱塘人。字仲云，亦作仲耘，号毅甫，晚号再翁。有《养吉斋丛录、馀录》《黔语》《花宜馆诗钞》等。

## 白雪楼歌

〔清〕马国翰

云中一点青娥娥，有客驱马鲍山过。

白雪高楼不可见，榛芜满地斜阳多。

忆昔沧汉此卜筑，山水之乐靡有他。

几年白云号仙吏，风尘微禄羁青緺。

时将浊酒较薄宦，感叹浮生春梦婆。

一曲归来续陶令，考槃拟赋硕人薖。
眉捷斯须揽岱岳，轩窗咫尺流清河。
境倚高寒远尘堨，飞觞醉月苍颜酡。
上下千古一睥睨，百家仆役共搜罗。
凭栏长啸铁笛破，时嗤蚓窍声微哦。
触浪崩云海水立，扬沙走石雷霆摩。
乍如危峰又峭壁，峨眉天外飞嶔嵯。
七子中原共角逐，推以独步岂相阿。
主盟词坛执牛耳，纵横奇气凌骚歌。
厘订雅音入唐选，巴里下人严遣诃。
弇州故左在远道，庚邮千里交切瑳。
文章义气辟生面，吾曹天地君谓何。
正始元音力担负，曲高和寡非欺诧。
楼上鸿勋策翰墨，岂无鬼神来护呵。
谁识今古变世代，莽墟空想鸣金珂。
东昌题识画图好，故物谁及重摩挲。
湖上遗址近亦废，秋风太息如铜驼。
尚幸后贤念矜式，趵突巍峙环澄波。
栋牖虽非旧时物，绵延余韵资设科。
我来访古意调长，欷歔荒径生苔莎。
茫茫昔彦逐逝水，遗章犹赖祛烦疴。
孤竹千年抱懈谷，新文六代铭头陀。
吾道麒麟不世去，峥嵘想见须眉皤。

丹棂日月挂壶峤，青馆风烟寒薜萝。
白雪楼歌歌甫罢，吁嗟吾意几蹉跎。

## 访鲍山白雪楼旧迹歌

〔清〕李沧瀛

有客驱马鲍山游，言寻昔人白雪楼。
一点青峦插碧落，数家乔木荒烟浮。
惆怅高楼不可见，只余惨淡空山秋。
忆昔高楼建此地，东望平陵西华不。
长白迢递明夕照，大清河抱层轩流。
沧溟赋客适真趣，终日白雪吟上头。
孤标不与时人接，清啸几辈相唱酬。
雄才曾推中原长，盛名一代冠齐州。
只今过客访遗址，空怀北斗与嵩丘。
美人一去不复返，白云何处寻瀛洲。

李沧瀛，字东溟，阳丘人，生卒年不详。官蠡县知县。有《海樵诗钞》。

## 又题李于鳞白雪楼图

天半飞下峨眉雪，经营惨淡共称绝。
丹青谱出山楼图，有色有声得妙诀。
卓截东昌李使君，荆关画法天下闻。
鲍山风雨开生面，水墨潇闲化烟云。

在昔七子同色逐，琴樽唱酬适情素。
更上一层豁双眸，鹊华秀色竟盼顾。
苍茫海气从东来，郁郁葱葱何壮哉。
平陵以西秋欲老，长白氤氲烟作堆。
济南潇洒写未了，阿堵传神能多少。
画中有诗传不得，生气勃勃透云表。
君不见，
风尘姓字至今传，山楼湖楼两杳然。
第一泉头同卜筑，唐选遗编同千年。

## 秋日过白雪楼即景

〔清〕李兆梅

七子联吟地，寻秋此暂停。
菊名分种问，书韵隔花听。
老树藤盘碧，残碑藓蚀青。
流连难遽去，小坐话沧溟。

李兆梅，清代诗人，生平不详。

## 得于鳞湖边旧舍居之

〔明〕王象春

草堂略似浣花居，珍重先生手泽余。
不比谢墩争姓字，但须更贮满楼书。

## 趵突泉白雪楼

〔明〕光庐

人去楼空济水头，栏杆倚遍忆风流。
白云黄鹤杳何处，山色溪声共一楼。

光庐，字顾吾，明代诗人，山东历城人（今济南市）。万历癸酉举人，曾任河南太康令。《历城县志》有其存诗，其他事迹不详。

## 秋夜白雪楼有感

〔清〕李潆

明月松间出，危楼独自看。
泉声当暮急，山色入秋寒。
白雪先声在，青箱世业难。

李潆，字绍溟，历城人，生卒年不详。诸生。

## 趵突泉上白雪楼

〔清〕施闰章

傍水新移白雪楼，凭虚霁色俯齐州。
青冥古木垂天暗，日夜寒泉拂槛流。
词客登临还作赋，岳云缭绕故生愁。
鲍山东望成古今，草阁榛芜玉露秋。

施闰章（1619—1683），字尚白，一字屺云，号愚山，媲萝居士、蠖斋，晚号矩斋，后人称施侍读、施佛子。江南宣城（今安徽省宣城市宣州区）人。清初政治家、文学家。

## 白雪楼

〔清〕潘耒

百尺高眠四海空，沧溟文坫夙称雄。
生平娄水埙篪应，死耐虞山玉石攻。
盛世才华容傲睨，达人官爵谢军笼。
清严标格依稀在，华鹊苍寒落木中。

潘耒（1646—1708），清初学者。字次耕，一字稼堂、南村，晚号止止居士，藏书室名遂初堂、大雅堂，吴江（今属江苏苏州）人，潘柽章弟。所著有《类音》《遂初堂诗集》《文集》《别集》等。

## 九日过白雪楼

〔清〕宋云鈊

何处登高去，言寻白雪楼。
流光嗟荏苒，胜地足淹留。
泉沸晴天雨，山横落日秋。

宋云鈊，清代诗人，山东胶州人。善书画，其他事迹不详。

## 吊白雪楼故址

〔清〕任弘远

无端海底劫飞尘，多少楼台没水滨。

白雪声名消不得，乡人犹说李于鳞。

## 秋日游趵突泉望白雪楼有感

池亭犹昔日，不见泺源堂。

树色霜前老，泉声雨后凉。

骚坛盟主去，白雪书楼荒。

风雅辈沦落，低徊立夕阳。

## 自五龙潭步至趵突泉访泉上白雪楼次韵

〔清〕马覆泰

懒从插架理牙签，解事提壶鸟唤檐。

乍对风潭枨拨甚，雪清春动水痕添。

雷声辊地战阴阳，平涌惊涛见未尝。

欲访雪楼何处是，蒺藜初绿日初黄。

马覆泰（1753—1829），字叔安、定民，号菽庵、秋药，浙江杭州府仁和县人。乾隆四十四年召试举人，五十二年成进士，选庶吉士，仕至太常寺卿。著有《秋药庵诗集》。

## 历下杂咏绝句

〔清〕刘芳曙

白雪高楼唱竹枝，红牙翠袖月来时。

玉盘托出莲花饼，可是沧溟旧侍儿。

刘芳曙，清代诗人，生平不详。

## 孟秋望前一日登白雪楼

〔清〕王德容

百尺冠齐州，登临两乍收。

蝉声千树午，华气一园秋。

地迥山层出，泉多水乱流。

诸君真福分，同作读书楼。

王德容（1781—？），字体涵，号秋桥。有《秋桥诗选》四卷、《秋桥诗续选》四卷存世。

## 白雪楼

〔清〕翁方纲

楼名仍白雪，树古带寒塍。

七子才谁竞，三泉槛借凭。

后贤犹仰止，前辈想飞腾。

神韵重拈得，高弥百万层。

翁方纲（1733—1818），字正三，号覃溪，又号苏斋，顺天大兴（今属北京市）人。

## 访白雪楼

〔清〕朱畹

明湖一望晚烟寒，天水苍茫独倚阑。
太息沧溟人去后，空余秋月照吟坛。

朱畹，原名宁，字籹人，号虚谷，历城人，生卒年不详。诸生。有《红蕉馆诗钞》。

## 湖上楼

〔清〕董芸

七子当时互唱酬，故人殷许亦风流。
鹊华桥上如钩月，曾照诗人湖上楼。

## 白雪书院有感

〔清〕周乐

沧溟高调壮齐州，词客凋零何处求。
下视紫澜回大海，可怜白雪剩高楼。
看泉人到颓垣过，秋菜畦荒断碣留。
天使书生开屧业，苦吟空自想风流。

周乐，清代诗人，生平不详。有《宦游纪实》。

## 白雪楼

〔清〕杨德昭

白雪楼高背郭开，登临疑上柏梁台。
窗含夕照无云住，菊老秋风有雁回。
尺五天低山北拱，蓬瀛路近水东来。
书声歇绝人何在，愿向沧溟一酹杯。

杨德昭，清代诗人，生平不详。

## 白雪楼

〔清〕高宅暘

城西花市闹芳馨，趵突泉边屧响停。
一角危楼摇白雪，何人来吊李沧溟。

## 济南杂咏

尚书墓碣翳蓬蒿，未及楼存白雪高。
犹恨沧溟不可作，名沉袭勖与华鳌。

高宅暘，清代诗人，生平不详。

## 白雪楼

〔清〕柯延庆

我出泺源门，名泉廿四数。

泉上就有楼，云昔诗人聚。
有明李先生，此楼建旗鼓。
俯瞰趵突泉，竹林隐深坞。
名诗满楼中，名士驰寰宇。
五子继七贤，斯人尤可取。
愿移子美题，海右此楼古。

柯延庆，清代诗人，生平不详。

## 秋日许郭殷见枉鲍山山庄

〔明〕李攀龙

玉壶春酒石榴殷，此日中林见往返。
堪是樽前几知己，那能不爱叔牙山。

## 丁香湾

〔明〕李攀龙

平湾澹不流，寒影千峰入。
斜阳一以照，彩翠忽堪拾。

## 白雪楼

〔明〕李攀龙

伏枕空林积雨开，旋因起色一登台。
大清河抱孤城转，长白山邀返照回。

无那嵇生成懒慢，可知陶令赋归来，
何人定解浮云意，片影飘摇落酒杯。

## 鲍叔牙故城

〔清〕陈永修

高山犹见故人情，鲍叔千年尚有城。
长白东南空怅望，华泉西北自凄清。
分金何处生背草，遗墓常留蔓野荆。
荐士高风不可见，墩傍徙倚晚烟横。

陈永修，字子慎，清代济南府历城县（今济南市）人。生卒年不详。

## 白雪楼怀沧溟先生

〔清〕陈永修

岸有时而为谷，海有时而成田。
沧溟已殁三百年，白雪高楼尚俨然。
先生罢官遂初服，读书近筑鲍山麓。
比瞰大河西华跗，王吴殷许时往复。
吾道麒麟德不孤，东昌更写山楼图。
风格高峻天下无，骚坛牛耳群相呼。
晚年楼又开北渚，海右高亭同千古。
山东大师尊豆俎，远方宗者吴秦楚。
吁嗟乎！

两地遗址皆荒凉，幸有泺源继余芳。
我今读书近祠堂，朝夕瞻拜心瓣香。

## 玉皇台杂咏

〔清〕陈永修

台近叔牙城，相传此阅兵。
春秋遗旧迹，宫殿起新楹
古墓多村草，高山蔓野荆。
分金何处所，犹见故人情。
人到清凉界，心宽境亦宽。
庭轩新栾栾，松柏护丸丸。
暑避三庚伏，时生六月寒。
此间无热客，薰曲妙琴弹。
古甃涵空碧，不穷《周易》占。
井花真供养，泉脉独甘甜。
芳洌三分足，清凉一味兼。
煎茶图可绘，调水问苏髯。
虬干半之而，鳞枝老不移。
犹龙能变化，眠鹤莫猜疑。
岁月原多历，风涛也自奇
著书谁闭户，叟可问支离。
待待东山出，钟楼望最宜。
阑干花气湿，亭年月华移。

九乳流声远，一轮拖影迟。
庭琴瞻眺久，千里共相思。
秀拔自何年，丹椒欲插天。
佛青排闼送，螺黛向空悬。
高展芙蓉朵，遥含翡翠烟。
临风一翘首，宛见赤松仙。
山色有无间，莲花朵朵殷。
群岚当户牖，万壑报迴环。
矗矗开屏面，孱孱坠髻鬟。
相看平远意，心共白云间。

## 回龙寺看牡丹集金刚经字

〔清〕陈永修

华散祇园得未曾，庄严七室转三承。
天香悉见如来佛，国色相关自在僧。
万亿化身持算数，众生欢喜记燃灯。
我闻仙露多施布，肉眼称量不可能。

## 春日登玉皇台

叔牙城外叔牙台，此日登临亦壮哉。
眼底群山浮黛至，云中一点送青来。
荒岩不见分金处，驿路犹存封邑碑。
荐士高风今已矣，空留神宇仰崔嵬。

## 过灵官墓诗以纪实并序

〔清〕陈永修

按:《道书》，王灵官，姓王，名常，汉明帝时西蜀人。从天师张太陵学道于鸬鸪山。至宋徽宗时，敕封隆恩真君。前明隆庆年间，京师灵官祠供藤像，时著灵异，加封“大德显灵王灵官”之号。今吾乡王舍店灵官墓，以为即王舍店人者，非是，作此正之。

见说灵官旧姓王，世家西蜀法名常。
而今王舍留祠墓，将是衣冠埋异乡。
化身为现汉明时，鸬鸪山中久问奇。
几度修成丹九转，张陵原自是其师。
修得道成膺敕封，问年诗纪宋徽宗。
隆恩锡与真君号，驱逐邪魔无定踪。
皇明晋锡普恩隆，大德显灵加盛名。
寄语吾乡诸社友，宸垣识略纪分明。

## 再游响水潭

〔清〕陈永修

我有泉石癖，时抱烟霞痼。
每逢名胜区，闲尝一往顾。
昔上三台麓，响水良足慕。
秋潭深见底，骇浪滚滚注
临流心不竞，便觉浮生误。

俯仰宇宙间，从之升沉悟。
归来终弗忘，窃效赤壁赋。
日届大重阳，招友通尺素。
西风客到门，二难快把晤。
因遣童冠辈，再游携茶具。
行行重行行，率循鲍山路。
渐闻波淙淙，群秀争奔赴。
咸集坐团圞，静观人如塑。
煮茗烧乌薪，更榑瓶笙趣。
纵酒兼赌韵，且向佳处住。
放眼看怒涛，共叹来何暮。
错落翻冰花，差池开珠树。
此讶吴练飘，彼疑姑射渡。
雪岭成须臾，银海金汤固。
天地为变更，白云遥遮护。
观水观其澜，颇可资典故。
奇石更凿凿，尤难计以数。
嶕峣兼嵚崎，孤峙亦联附。
或平或广袤，或距或颠仆。
或如龙凤麟，鲸波急喷吐。
水石两激荡，胜概不抵牾。
徘徊惟忘归，陡觉洗烦务。
相于整游屐，抗怀谢太傅。

清谈犹未了，片月东岭度。

## 《别李于鳞》二首

王世贞

### 其一

今日别我友，还望之故乡。故乡岂无欢，我友安得将！
行者惨不辉，居者以彷徨。肉骨虽摎拊，既析亦相忘。
惟有肝与胆，委照差可方。焉顾非日月，东西扬景光。
情知谐亲遘，乃在媒慨慷。虽有绸缪泪，何以写中肠！

### 其二

韦布走四海，万乘失一畸。悬知势分剧，心各有所施，
踯躅生人间。含悃将向谁？夫子绝俦匹，吾道幸不疑。
出门各有好，谓为媚予私。矫矫孤凤凰，翩翩向豳岐。
鸱鸮喧中野，鹪鹩骇卑枝。山鸡学仪羽，举世安可欺！

王世贞（1526—1590），字元美，号凤洲，又号弇（yǎn）州山人，南直隶苏州府太仓州（今江苏省太仓市）人，明代文学家、史学家。著有《弇州山人四部稿》《弇山堂别集》《嘉靖以来首辅传》《艺苑卮言》《觚不觚录》等。

## 《得李于鳞书》二首

宗臣

### 其一

重来击筑饮，偏忆和歌人。明月漳河夕，梅花碣石春。
愁难潜力破，情到天书真。谁不疑斯道？君当爱此身。

### 其二

旧侣淹漳水，新诗寄汉关。凤麟干大邑，鹓鹭众人班。
易侧乾坤因，宁开案牍颜。搴帷犹有赋，落日太行山。

宗臣（1525—1560），字子相，号方城山人，兴化人，明代文学家，宋代著名抗金名将宗泽后人。诗文主张复古，著作有《宗子相集》15 卷。

## 奉怀于鳞

谢榛

十载交游满蓟门，浮云回首几人存？
古来意气谁当合，老去文章尔共论。
北极寒星摇短剑，西山暮雪照青尊。
于今尚醉平原馆，何日能酬国士恩！

谢榛（1495—1575），字茂秦，号四溟山人、脱屣山人，山东临清人。其诗以律句绝句见长，著有《四溟集》共 24 卷，一说 10 卷，《四溟诗话》（亦题《诗家直说》）共 4 卷。

## 《送于鳞还郡》二首

吴国伦

### 其一

千门杨柳暗燕关，不系邢州五马还。

寂寞孤城君更卧，白云愁杀太行山。

### 其二

东风片片下榆钱，立马看春倍可怜。

君去不堪仍北望，故人零落蓟门天。

吴国伦（1524—1593），字明卿，号川楼、惟楚山人、南岳山人，武昌府兴国州尊贤坊人（今属湖北省阳新县浮屠镇吴智村）人，明朝嘉靖、万历年间著名文学家，著有《藏甲岩稿》《陈张事略》《春秋世谱》《吴川楼集》等。

# 杂 记

## 明故嘉议大夫河南按察司按察使李公墓志铭

殷士儋

余以隆庆丁卯志徐恭人墓，己巳张太恭人卒，与于鳞大人合葬，余又志其墓；今才一岁尔，且志于鳞，悲夫！文章道丧，弥弥日以下，盖千载于兹矣。明兴，北地李献吉奋起而力挽之，于鳞生承其后，益拓其业，斐然成一家言，虽古大雅者流，何以过兹？可谓当代之宗工巨匠，垂不朽者矣。

于鳞李氏，攀龙名，父赠中宪大夫知府宝，母即太恭人张。其族系及世有高谊与太恭人守节语，具余前《志》中。初，太恭人梦日入怀生于鳞，九岁而孤，比就外傅，则余及今长史许殿卿皆以髫年，相约为知交，岁与之俱。当是时，则耻为时师训诂语，人目为狂生；于鳞自谓非狂矣。又九岁，为诸生，廪于郡庠。庚子，乡荐第二人；甲辰，赐同进士出身，试政吏部文选司；乙巳，以疾告归。归则益发愤励志，陈百家言，附而读之，务钩其微，抉其精，取恒人所置不解者，拾之以绩学。盖文自西汉以下，诗自天宝以下，若为其毫素污者，辄不为也。丙午，还京师，聘充顺天乡试同考官，简拔多奇士。丁未，授刑部广东司主事。既曹务闲寂，遂大肆力于文词。余时为检讨，日相引，上下其议论，而于鳞益交一时胜流若吴郡王元美数子者，名乃籍甚公卿间矣。三年，升员外郎。明年，迁山西司郎中。有边将触法不致死者，柄臣子怒其不赂，必欲置诸辟，而竟不能夺之于鳞，从末减。后其人至大帅，果大著勋伐云。癸丑，出守顺德，务为休息爱利之政。其大可纪者，顺德所属旧有种马场，岁入赋公家，而时监司误以为营马牧地，增赋至二千七百余金；于鳞为请，悉蠲之。郡故有永济仓以自给，后粮输京师，而军食益乏；又为请，得留郡如异日焉。将作所征于真定、大名、广平、顺德诸郡者，于鳞以为顺德土狭民贫，不宜与诸郡比，减其供如真定十之三。沙河之民役过客者，越永年，抵邯郸界中始息肩；邯郸民报之亦然，皆跋涉一百七十余里，惫矣。于鳞曰："民安得任非其土之役，使永平不惜数十人之力，则两邑之力皆可宽也。"又为之请，罢矣。巨鹿官亭集者，大聚也，界在真定、隆平、南宫、新河之间，群盗啸聚无时，捕之如搏影。于鳞请移防，秋别驾往镇之；秋至则复戍内丘，而盗不敢复窥顺德界中。又谓京师仰饷于东南，或不时至，而北直隶、河南、山东诸处近河百里而遥者，可令毋出赋钱，皆赋菽粟，浮于河以达于京师，此不独国家之便，民亦便也。他如散招募之卒以杜事变，移巡司于黄榆岭以备非常，仿常平以时蓄积，严保甲以弥盗贼，皆深计长虑，非旦夕视其民者。部使者至顺德，才一日谳狱罢。使者叹曰："太守安得不冤若此！"比三岁，有十数最书，擢陕西按察司提学副使。关中士素习古文词，得于鳞为师，又蝟然勃兴矣。

于鳞为人素羸顿，不习西土。西土当地裂后，犹时时动摇，数心悸，又念太恭人独家居，遂乞骸骨归。故事，仕在外者无以病告，即乞身罢耳，不复叙。时铨部怜公才，特取旨予告，疾已且复叙。异日独何仲默视此，实异数也。归构一楼于华不注、鲍山之间，曰“白雪楼”。于鳞为人高克，有合己者引对累日不倦，即不合辄戒门绝，造请数四不幸一见之，既而于鳞亦不自驾修谢也。其楼居时，余方在告家居，独殿卿及余时往来觞咏其间，他曾不得一当于鳞，凡十历年所。

今天子用言者，起为浙江副使。二年，稍迁参政。入贺，过家觐省，将南，寻升河南按察使，遂奉太恭人俱。越四月，而太恭人卒。于鳞持丧归，甚毁，及小祥而渐平。无何，暴疾，再日而绝，岁庚午八月二十日也。年五十有七。所著有《白雪楼集》行世，他诗尚若干首，文若干首。

或问于殷子曰：“王元美谓律至仲默而畅，献吉而大，于鳞而高，要之有化境在。古惟子美，今或于鳞。虽于鳞亦自谓拟议以成其变化矣。于鳞信才意不至如所称乎？”殷子曰：“夫亲见扬子云者，肯信桓谭非私哉？夫于鳞雄浑劲迅，掉鞅于诗坛，彼其视献吉诗犹傅会庞杂、文笺笺寡灏漾鸿洞之气；所为推献吉者，多其划除草昧功也。故曰‘能为献吉辈者，乃能不为献吉辈者。’然于方且痛人诋其文辞相矜不达于政，游刃引割所至，弦歌亦治，操概凛洁，耻为色泽；称其为文，于鳞独文士乎战？”

于鳞妻徐氏，封恭人。有二妾：蔡氏、卢氏。所生三男一女：驹娶曹氏女，继娶应州知州冯应奎女；采殇；驯聘周府长史许邦才女。邦才，殿卿也。女适永清训导艾济子芹。独驯，卢出，他皆恭人出。驹有三子二女：鸿仁聘进士于鲸女，鸿仪未聘，鸿儒聘张希全女；女一许嫁举人王见宾子衡，一后公殁七日而生。嫁艾氏者，有外孙一人，曰维高。驹卜隆庆五年三月十有一日，葬公于牛山之原，徐恭人祔焉。请殿卿状，来乞铭。驹，吾门人也，竟其所之，亦可使千里无契需。

铭曰：尔祖有言，死而不亡。岂于鳞与！吾生有涯，知也无涯，郁而为书。铲削巧利，涤濯滓垢，追趋古初。大者天行，云盘星回；小者绮疏，绩旧弥新。忽出倏入，霍然雾除。赫赫厥声，施于当世；海内寡如，岂惟文章？以缘吏事，罔试弗理。入掌庶狱，出典大邦。柄文持纪，书狱狱平，治人人安，风士士起。鸿飞冥冥，罗者不忘，思仪其羽。曷笃其生？曷啬其成？不遐锡祉，壁传士林，蜕委斯藏，永凭其里。

## 陈永修与“鲍西楼”

刘汝振

陈永修，字子慎，历城县陈家庄（今历城区鲍山街道殷陈庄村）人，六品衔候选训导，恩贡生，晚清济南诗人。民国《续修历城县志》载：“陈永修少师马国翰，亟蒙矜赏。及长，肆力古文辞，博雅工诗。性宽和，无疾言遽色。然遇事果毅，有经世才。咸丰十一年（1861 年），捻匪犯境，举人陈大鹏率乡团御贼，永修佐焉。及大鹏殉难，永修以身免。自是隐於家，授徒自给。教人原本小学，而责以实践。出其门者，皆恂恂恭谨，望而知为永修弟子。年七十馀卒。著有鲍西楼诗文集若干卷，藏於家。”

陈永修诗集自序:“道光丙戌(1826年)己丑之际，余师马词溪夫子设帐鲍山、黄石古寺，余从学焉。”他师从马国翰，抵抗捻军斗争失败后，回到乡里设义塾教书为业。其间游历济南名山胜水，创作了大量记游诗歌。他在诗中说:“汝学舞雩游，务求尘俗捐。君子履忠信，登临尚慎旃。如有会心处，得句题花笺。盍各言尔志，春诵而夏弦。”陈永修教学有方，“出其门者，皆恂恂恭谨，望而知为永修弟子”。光绪五年陈永修撰文《重修读书堂碑记》，记文中可窥见他的正直人品和崇教之心。

陈氏家谱以陈寔为先祖，陈寔(104—187年)，字仲弓，颍川人，东汉时官员、学者，因曾任太丘县长，又称“陈太丘”。清光绪翰林院题送“太丘世范”匾额以褒奖陈永修义塾教育之成绩，随后时任山东巡抚兼军务提督的孙宝琦亦题送“明经”匾。

陈氏宅院在鲍山西麓之陈家庄，其后人回忆陈永修居住在宅子北院之东院，义塾教学在祠堂大厅内，书房为二层阁楼建筑，取名“鲍西楼”。陈永修诗文造诣深邃，著有《鲍西楼诗草》四卷、《鲍西楼文抄》二卷、《平陵齐音》二卷、《花令诗草》一卷。诗人马国翰为《鲍西楼诗草》作序，述论其诗三得:“触景言怀挥手立就谓之来得，细意熨帖且无懈可击谓之去得。渊然而以古，浏然以清，远韵深情耐人咀味谓之存得……实多可存之作。”民国《续修历城县志》中多引其诗文，诗多伤怀吊古，山川游历之作。

# 拟重修白雪楼记

〔清〕蒋庆第

西眺华不注，东揖鲍山者，沧溟先生之白雪楼也。吾思先生仕宦拂意，解组径归，则栖止三层楼上，执拂姬侍图史左右，檐楹外两山作态，顾瞻若来，供伸眉一笑者。海内名辈，自元美诸人外，贽诗文希一眄以为重者，踵相接顾先生，期待益高，群倪指摩不少假贷，达官屏驺从侯门下，虔奋弟子之来请谒，弗轻与通也。其人其楼，尔日可不谓两峥嵘哉。楼再徙于第一泉，盖去先生殆不百年耳。吴季子曰："魂气无不之也。"苏子瞻曰："之凿井得泉，水岂专在是哉。"

信斯言也。虽燕之北，粤之南，而白雪楼先生之精爽若呼吸通也。矧兹之东望故址三十里，而近者哉。吾谓先生有明一代之谪仙人也，其才力雄独气足，以牢笼宇宙。辩，足以嘲哂豪杰；文章壮浪、纵恣，位不高而名声震，天下一谪仙人也，乃身后门祚衰微，靡不同者。信乎造物者，特昌其文于山东二李生，使独也。尝游任城，置酒太白楼，爇瓣香瞻礼，耳目间觉骑鲸仙客，近在咫尺，不必天津桥南之为真矣。白雪乎？先生之任城楼欤。溯始徙追兹二百余年，葺治非爰道光某岁，邑士得先生之裔孙某，为楼主人，以奉祠事，今三十余年，侈剥矣。

爰谋鸠工，振其圮丹碧其失鲜者，始事于光绪某岁某月，蒇事于某月。为之记，贻后来君子，且以著先生固有不朽斯楼者尔。

蒋庆第（1823—1906），字秀莩，又字箸生，号杏坡。河北玉田县鸦鸿桥河东村人。

## 鲍山禁止开采碑记

云中一点鲍山青，东望能另两眼明。若道人心似矛戟，山中那得叔牙城。此曾子固《登华不注望鲍山》诗也。山在王舍人庄之东、韩仓之西，山之东北麓有土魏然，方约半亩许，曰鲍公墓，俗名鲍山坟。墓之西南即所谓“云中一点青”也。怀古之士，于览其上，每忆鲍叔知人之明，徘徊不忍去。

吾想自有天地以来即有此山，不知历几千万年，始因鲍叔而得名，地灵所以籍人杰也；自鲍叔至今又经数千年，终不至损坏者，则人杰愈以著地灵矣。

后世人心不古，曾子固所谓“人心似矛戟”者世多有之，名贤遗址几共视为利场。以故曩时，韩仓马君成周请示立碑，封禁数十年无敢开采者。自胶济铁道工兴，嗜利之徒常思妄动，赖各庄首事多方保护幸至无恙，而陈君柄（炳）之力居多。京济铁路兴工，众后工垂涎既久，渴焰不能息，遂率众开采，经里长曲君长增与各庄首事等鸣官请示再禁，官曰：前既立碑封禁，勿容再渎，作文以记之足矣。

众首事遂请余为文，余曰：风脉之说，儒者不尽信，为保护名贤遗址，余何敢以不文辞。昔战国颜斶谓齐王曰“有敢去柳下季垄五十步而樵采者死无赦”。鲍叔之贤无愧展氏，则人爱其馨，况名卿遗迹所宣彪炳寰宇者，岂可听其同于陵夷石泐耶。故各庄公议自立碑后，邻近村庄人人有保护之权力，协力同心，无分畛域，如有无知之徒妄行开采，大家嘱官究治，不准退缩，以留名迹，而维风俗，则我辈保护之力即子固先生睹地怀人，托诸诗词之深意也。噫！何时无才，何地无才，但世无鲍叔，虽有天下才亦惟抑茅顿塞，于身落寞已耳。太史公曰：天下不多管仲之贤，而多鲍叔能知人也。呜呼！所感深矣……

鲍左山人李振唐拜撰并书

# 殷陈人物

# 历代乡贤

## 武浩

武浩，出生于清朝乾隆年间，历城县陈家庄人（现历城区鲍山街道殷陈庄村）。其身形魁梧，力大无穷，食量惊人。

相传，陈家庄和王舍人庄为玉皇台产权争执不下，有人出了个主意：谁能把玉皇台上的大钟摘下来，玉皇台就算谁的。大钟重约500千克，普通人难以摘下，武浩自告奋勇、挺身而出，到玉皇台上摘下大钟，并抱着钟绕大殿转了三圈，又把大钟重新挂上，自此，玉皇台归属陈家庄。

传说武浩曾帮村民在将山采石场定制的重约400千克的圆形石桌背回家中，背行距离约2.5千米。

殷陈庄村东有一水塘，一位外地人驾着马车经过，在此地吃饭休息时，马受惊，拉着车顺坡而下，路边有孩童在玩耍，武浩见状，及时出手，一把将马车掀至水塘内，救了孩童，事后又下到水塘将马车托举上岸。

由于武浩家境贫寒、一生孤苦无依，食量又大，长年吃不饱饭，30岁左右便英年早逝。

## 陈永修

陈永修（生卒年月不详），字子慎，历城县陈家庄（今历城区鲍山街道殷陈庄村）人，晚清济南知名诗人，六品衔候选训导，恩贡生。民国《续修历城县志》载:“陈永修少师马国翰，亟蒙矜赏。及长，肆力古文辞，博雅工诗。性宽和，无疾言遽色。然遇事果毅，有经世才。”

咸丰十一年（1861 年），捻军犯境，举人陈大鹏率乡团御之，永修佐焉。及大鹏殉难，永修以身免。抵抗捻军斗争失败后，回到乡里，隐居家中，设义塾授徒自给。陈永修教学有方，“出其门者，皆恂恂恭谨，望而知为永修弟子”。光绪五年（1879）陈永修撰《重修读书堂碑记》。

有《西楼诗草》四卷、《鲍西楼文抄》二卷、《平陵齐音》二卷、《花令诗草》一卷存世。其师马国翰为《鲍西楼诗草》作序，述论其诗三得:“触景言怀挥手立就谓之来得，细意熨帖无懈可击谓之去得。渊然而以古，浏然以清，远韵深情耐人咀味谓之存得……实多可存之作。”民国《续修历城县志》中多引其诗文，多伤怀吊古，山川游历之作。

年七十余卒。

## 谢润河

谢润河（1900—1963），殷陈庄村谢氏族人，心灵手巧，个性要强、脾气倔强，人称“犟巴”。谢润河木工、瓦工、石匠、铁匠等民间工艺样样无师自通。他做的家具结实耐用、别具一格，镂空雕刻的花鸟鱼虫图案栩栩如生；他只身一人建成独立院落，建房不用槐木檩条、榆木梁、麦秸屋面，而是用向日葵秆作檩条、8 号铁丝作梁、茅草屋面，更把土坯立着砌墙，建造出的房屋甚为坚固，被村民争相传颂。

旧时的老人有在生前修好“寿坟”、做好“寿棺”的习俗，谢润河为自己修的“寿坟”很有特点，分前厅后室、带出厦，有门窗，用青石精雕细刻梅兰竹菊图案；寿棺设有滑槽，上有滑轮，内有机关。谢润河没有后代，他对人说：“身体不行的时候，可躺在里面用脚一蹬，棺盖可自动落槽。”

1955 年，村民陈起孔从北京带回一盒积木，可以组合成多种图案，在当时的农村实属罕见，谢润河见后，突发奇思妙想，找到几位木匠，参考积木的形状，合力做出了 54 块几何形状的花灯，可随时变换各种图案，取名“建设灯”，每逢正月十五闹花灯时，殷陈庄村的“建设灯”都能轰动济南东部地区。

## 王好镇

王好镇（1916—1991），历城县陈家庄（今历城区鲍山街道殷陈庄村）人，1951年参加土地改革；1953年与陈家庄北街的陈文鑫、李兆起、陈起兰等十几户缺少劳动力的农户自愿组织生产互助组；1954年成立农业生产合作社；1956年加入高级农业生产合作社；1958年成立东郊人民公社，其任十六营营长；1963—1968年任王舍人人民公社副社长；1959年加入中国共产党，任殷陈庄村党支部书记至1983年。

王好镇平易近人、为官清廉，与群众关系融洽。殷陈庄村的每块土地、每户群众都装在他心里，哪块土地的庄稼长得怎样，哪户群众发生了困难，需要帮助解决，他都了如指掌。他坚持每天早起把当天应该布置的工作落实到人。

殷陈庄村地处丘陵旱区，十年九旱，靠天吃饭。他深知要想让殷陈庄村民过上好日子，必须找水、治水，把殷陈的土地变成水浇田。他带领群众打旱井、挖矿坑、买钻井机打深井，奋战二十多年，钻成24眼深井，解决群众吃水问题，实现农田水利化。在治水的同时，他带领群众每年冬春季节集中劳动力，把全村几百块高低不平的土地整成适合水浇的大块地，变成高产稳产田。

1961年，山东大部分地区先旱后涝，黄河沿线灾情严重。王舍人公社12个生产大队除殷陈庄村以外皆受灾情影响，粮食绝产，群众生活困难，王好镇动员各生产队，踊跃缴纳红薯干18.6万斤，帮助王舍人公社完成当年公粮缴纳任务。还无偿支援华山、遥墙地瓜干 20 万斤，帮灾区群众渡过难关。

1983 年因年老退出领导班子后，仍为村领导班子当参谋，提建议，深受群众爱戴。

王好镇是第四、五、六届济南市人大代表，政协济南市第七、八届委员；1963 年被评为济南市劳动模范。

### 韩家祥

韩家祥（1911—1997），历城县殷家庄（今历城区鲍山街道殷陈庄村）人。1929 年起，先后在天津地毯厂、青岛地毯厂、济南地毯厂当工人；1949 年加入中国共产党；1950 年任殷家庄农会主席；1954 年任初级农业生产合作社社长；1959 年起任殷陈庄村第三生产队队长达 20 余年。

日军侵华期间，韩家祥先后救过三人。第一位，韩家平，韩家平与韩家祥在天津地毯厂工作期间，身染重病，疑为“霍乱”，为避免被日军发现强行火化，韩家祥将韩家平瘦小的身躯卷入行李中，机智逃出关卡，得以保其性命。第二位是殷陈庄村一名李姓妇女，因早年丧偶，家人为霸其财产，逼其改嫁未果，遂捏造事实、诬告陷害使其入狱，遭严刑拷打，生命垂危之际，韩家祥醵金保其出狱。第三位是韩家祥族兄弟宝柱，在青岛地毯厂工作期间，宝柱因故与把头打架，把头纠集同伙欲置宝柱于死地，韩家祥资助路费使其逃离，免于一死。

## 谢润台

谢润台（1922—1999），历城县陈家庄（今历城区鲍山街道殷陈庄村）人，解放后参加土地改革运动并加入民兵组织。

1950—1956 年，殷陈庄村响应历城县委、县政府和济南铁路局公安处号召，由民兵队长谢润台带领村内 5 名民兵组成护路队，参加护路运动，两人一组轮流值班（三班倒），24 小时不间断巡护，确保胶济铁路的路基、轨道及铁路沿线国防通信线路安全。

1951 年，谢润台在巡逻至鲍山坡北头路段时，发现轨道上有巨石，此时一列由东向西行驶的火车即将经过。千钧一发之际，他用力掀开石块，并因此负伤。因事迹突出，谢润台被评为“护路模范”，是年冬，出席铁路公安系统在青岛召开的护路运动表彰大会。

## 张长德

张长德（1921—2000），河北省沧县作龙堂中卷子村人。

1945 年 2 月参加抗日回民支队；1947 年加入中国共产党；1952 年调山东省财政厅工作；1964 年任历城县西营公社财贸教导员；1964—1966 年参加两期“四清”运动；1965 年落户殷陈庄村。享受离休待遇。

张长德落户殷陈庄村后，每天早起将设在其家门口的公交站打扫得干干净净，无偿将自家院落作为乘客的自行车停车场，提供凳子供乘客休息，供乘客饮水，雨天借给乘客雨衣雨伞，《大众日报》曾以“老义务”为题报道其为民服务的先进事迹。

张长德是位“老革命”，经历过抗日战争和解放战争，殷陈庄村团支部请他为青年上革命传统课，村党支部请他讲党课。他关心村党支部的工作，把自己对村里各项工作的意见和建议及时反映给村支部。

1985 年村里建立老年活动室，他主动组织十几名老年人组成老年门球队，每天早晨开展体育活动，还参加历城区老年体委组织，开展与周围厂企的友谊赛，丰富殷陈庄村老年人的生活。

### 韩振声

韩振声（1928—2007），历城县陈家庄（今历城区鲍山街道殷陈村）人。1945 年参加新四军；1946 年荣立三等功 1 次；先后参加莱芜战役、孟良崮战役；1947 年加入中国共产党，同年在战斗中负伤，离队休养，后被评定为二级伤残军人；1948—1949 年在荣军学校学习；1949 年在历城县政府事业科做青年工作，任历城县团委委员；1950 年回乡务农；1964 年起，连续多年担任第五生产队队长。因参加过抗日战争，于 2005 年获得“中国人民抗日战争胜利 60 周年纪念章”1 枚。

## 韩文奎

韩文奎（1922—2010），历城县殷家庄（今历城区鲍山街道殷陈庄村）人。1945年起，即在附近的安家庄小学任教师。

中华人民共和国成立后，他回村办学校，将自家西屋、南屋当教室，用土坯支起木板当课桌，自任教师和校工。

随着学生增多，他又将教室迁至庄西菩萨庙的西屋，教授一至四年级课程。1982年退休。

## 李兴元

李兴元（1943—2010），历城县殷家庄（今历城区鲍山街道殷陈庄村）人。1962年在殷陈庄村担任执勤民兵，平时夜间巡逻维护社会治安，秋收时在野外巡逻护粮。1963年10月，值红薯收获时节，当天刨出的大量红薯堆放在地里。为了防止红薯被盗，夜间，李兴元背着步枪到地里巡视，发现有人偷红薯，他迅速上前阻止，与歹徒搏斗，在搏斗过程中负伤。

李兴元敢于与歹徒斗争的事迹被争相传颂。1963年底，被评为“济南市模范民兵”。

## 李金鼎

李金鼎（1930—2015），历城县殷家庄（今历城区鲍山街道殷陈庄村）人。1953年考入清华大学机械制造系，1957年在整风反右派运动中被划为“右派分子”，毕业后分配至山西省太原机械制造厂任技术员。1960年回家务农，其间，为殷陈庄村实现机械化、电力化、农业水利化设计制造大量设备。1979年落实右派政策调济南炼油厂工作。1984年任济南炼油厂技工学校副校长，1985年被炼油厂技工学校评为“优秀教师”，1986年被炼油厂技工学校评为“先进工作者”，同年加入中国共产党。1987年发表论文《对机械原理与机械零件课程内容的探讨》，同年晋升工程师。1990年退休。

## 韩卫国

韩卫国（1941—2015），历城县殷家庄（今历城区鲍山街道殷陈庄村）人，专科学历。1960年在历城师范学校读书，同年加入中国共产党。1962年任济南市教育局秘书处秘书。1972年任教育局电教馆主任。1984年调济南市工商行政管理局任法制处处长，在职期间曾在中国政法大学、山东政法管理干部学院、中华全国律师函授中心大专部学习。

在从事党政机关文秘工作和行政法制工作期间，韩卫国曾参与山东省中等师范学校教材编写和《济南年鉴》《济南市志》编纂工作，在《人民日报》及省、市报刊、电台发表论文、新闻稿件及各类文艺作品。1996年济南市人事局为其记三等功1次，1998年被评为“信访工作先进个人”，被中共山东省委、山东省人民政府记二等功1次。退休后笔耕不辍，著有《心声集》《红叶集》《青松集》《滴水集》《追赶夕阳》等。

## 陈质庵

陈质庵（1924—2016），曾用名陈起商，历城县陈家庄（今历城区鲍山街道殷陈庄村）人。1943年10月至1948年10月在西北医学院学习；1947年加入西安地下新青团；1948年加入中国共产党；1948年11月至1949年2月在陕甘宁边区关中分校学习，随后在关中分区卫生部担任医训班教员，1949年6月至12月在陕甘宁边区卫生署军管会工作。1949年12月至1950年2月任西安市传染病院军管会军代表。1950年3月起在西北医学院儿科教研室工作；1957年11月至1959年11月在苏联列宁格勒儿科研究所进修学习。1959—1970年在西安医学院第二附属医院儿科教研室任副主任医师、党委委员。1970—1973年在合阳坊镇工作，1973—1978年在渭南地区医院、地区卫生局科研组担任党支部书记及临时负责人。1987年退休。

陈质庵出身贫农家庭，自幼勤奋上进。他刻苦钻研业务，踏踏实实工作，以高尚的医德、扎实的医学基础知识，救治无数幼小病患者。1983年安康遭遇百年不遇洪水，时任科室副主任的他毫不犹豫加入到医院防洪抗汛队伍中。工作中他不断总结经验，同时勇于探索，敢于创新，大力开展科研工作，撰写多篇科研论文，1952年在东北医学杂志上发表论文《使君子对小儿蛔虫病的疗效》《大蒜软膏对小儿头癣的治疗》。在儿童结核病早期诊断和治疗方面做了大量研究工作。1960年在全国结核病防治工作学术会议上发表论文《结核患儿皮肤血管反应性测定》。他担任中华医学会陕西儿科分会秘书，主编的《儿童保健学》由陕西人民出版社出版。

他利用业余时间刻苦学习俄语、英语、日语，并把所学用于教学和工作中，培养了西安交通大学医学院儿科首批硕士研究生。他还带领学生深入秦巴山区，对儿童智障情况进行深入调研，积累了大量宝贵资料。陈质庵多次被评为"红旗手""先进工作者""模范工作者"，并获得"西安交通大学党员特别奉献奖"。

## 李兴旺

李兴旺（1929—2017），历城县殷家庄（今历城区鲍山街道殷陈庄村）人，1953年，济南铁路机械学校毕业后分配至济南铁路局电务段工作。1955年调上海铁路局工作，其间在上海交通大学业余学习，成为工程师。1958年调铁道部第三勘测设计院工作，负责华东、华北铁路信号设计改造项目。1963—1968年参与大兴安岭森林铁路设计、施工。1968年7月，受命到非洲援建坦桑尼亚—赞比亚铁路设计和施工，在50℃高温的艰苦环境下，历时8年建成通车。坦桑尼亚总统卡翁达访华期间，曾专程到天津看望包括李兴旺在内的坦赞铁路工程技术团队，并合影留念。1989年退休后，被天津铁路机械学校聘请，继续从事铁路信号设计工作，曾参与青岛轨道交通工程设计。

## 李金山

李金山（1924—2020），历城县殷家庄（今历城区鲍山街道殷陈庄村）人。1941 年在历城火车站当临时工。1948 年济南解放后，任胶济铁路历城工务段领工员。1949 年调青岛铁路局青岛工务段任领工员。1952 年调回历城工务段任工长，同年加入中国共产党。1956 年任领工员兼工段党支部书记。1960 年被济南铁路局评为“劳动模范”，因成绩突出，济南铁路局号召“全线学习李金山”。1982 年离休。2004 年被济南铁路局评为“关心下一代先进个人”。2006 年 12 月，在保持共产党员先进性教育中，被王舍人镇党委评为“模范共产党员”。

## 郭玉水

郭玉水（1930—2020），历城县陈家庄（今历城区鲍山街道殷陈庄村）人。

1951 年参加中国人民志愿军，任某军某连通讯员，同年加入中国共产党，在抗美援朝战争中 7 次负伤，荣立战功，同年因伤回国治疗。

1953 年转业到地方后，先后从事商业、农业、地方武装、税务、工商管理工作。因工作成绩显著，多次受到地方政府记功和表彰奖励，1956 年 2 月获“全国商业模范”称号。

## 人物简介

### 钱顺庆

钱顺庆（1924—），历城县陈家庄（今历城区鲍山街道殷陈庄村）人，1947 年参加中国人民解放军。自主研制卡宾枪枪栓和换各种枪支的枪筒子的特殊工具，济南战役期间，带病制作卡宾枪枪栓上千件，更换各种枪支筒子 600 余件，为济南战役做出特殊贡献。1949 年随部队调往徐州前线修械所，继续从事制作卡宾枪枪栓和更换枪筒子等工作，参加淮海战役、渡江战役。1953 年转业到洛阳摩托车制造厂任副厂长。1962 年，调中国人民解放军总后勤部某工厂，任副厂长兼总工程师。1980 年离休后回殷陈庄村居住，其间为村集体企业修理车床、发卡机、尼龙拔丝机等，为村集体企业发展做出贡献。

### 孙善佐

孙善佐（1934—），历城县陈家庄（今历城区鲍山街道殷陈庄村）人。

1954 年考入山东师范学院音乐系，毕业后任淄博市第四中学教师，是中国音乐家协会会员，曾参与山东民歌《赶牛山》改编。

## 章文才

章文才（1938—），历城县陈家庄（今历城区鲍山街道殷陈庄村）人。1956年参加中国人民解放军，先后任南海舰队某部指导员、教导员、舰长、政委，立三等功1次。1957年加入中国共产党。1992年转业至枣庄市市中区检察院工作，1998年退休。

## 陈起尧

陈起尧（1940—），历城县陈家庄（今历城区鲍山街道殷陈庄村）人。1961年参加中国人民解放军，1961—1967年，在中国人民解放军哈尔滨军事工程学院学习。1969年加入中国共产党。1967—1986年任解放军某部高级工程师。2001年退休。

## 韩丕秀

韩丕秀（1941—），女，历城县殷家庄（今历城区鲍山街道殷陈庄村）人。1959年考入济南历城一中高中部，同年11月选调为济南市国防体育航空模型专业运动员；1961年调入郭店机场山东省航空运动学校航模队；1962—1976年，任济南市卷烟厂子弟学校教师；1976—1983年，在济南市军事体育运动学校工作；1983—1997年，在济南市干部休养所工作；1997年退休。

## 李明仁

李明仁（1942—），历城县殷家庄（今历城区鲍山街道殷陈庄村）人，1961年山东煤矿学院肄业，1963—1964年任殷陈庄村团支部书记，1966年加入中国共产党，任历城县柳埠公社副社长，1968年回殷陈庄村任党支部副书记，1972年任历城县委秘书，1975年调《大众日报》社，先后任记者、主任记者、高级记者、编辑、行政科长。

从事新闻工作30余年，发表新闻稿件百余万字，其中不少稿件被《人民日报》、新华社、《红旗》杂志、《文汇报》刊载。2007年获全国新闻协会“从事新闻工作30年”荣誉证书、奖章。

## 韩丕亮

韩丕亮（1947—），历城县殷家庄（今历城区鲍山街道殷陈庄村）人，自1972年任殷陈小学民办教师，1985年转为公办教师，2007年退休。

韩丕亮从事教育工作35年，成绩显著。1983年获教育部颁发的金质奖章1枚，同时获《人民日报》《光明日报》总编辑杜导正、《体育报》总编辑左林、《中国青年报》社长余光兴、《文汇报》总编辑马远、《健康报》总编辑纪云龙，《中国教育报》总编辑潘铭联合颁发全国“优秀班主任”荣誉证书。同年，被评为山东省“先进儿童少年工作者”和山东省“优秀教师”。1984 年获山东省政府颁发的“园丁奖”“优秀教师奖”。

## 李际汉

李际汉（1954—），历城县殷家庄（今历城区鲍山街道殷陈庄村）人。1984 年，建“合作花砖厂”。20 世纪 80 年代后期至 21 世纪初期，李际汉每年向殷陈庄村小学捐款 3000 ~ 5000 元；1995 年向沂南县鲁庄乡小学捐款 3000 元，用于修缮校舍，并连续三年资助该校贫困生马传龙、范传霞；2002 年向仲宫镇南高尔小学捐赠电脑 1 台，并捐助 700 元维修校舍；2006 年向潘河涯小学捐赠 5000 块花砖，用于修建操场。

殷陈庄村组织的抗震救灾、抗击新冠肺炎疫情及村民有特殊困难的募捐活动中，李际汉都慷慨解囊，每次捐款 1000 ~ 5000 元。李际汉还资助殷陈庄村三十余户村民建起新房。

李际汉于 1993 年被济南市人民政府授予“模范个体工商户”称号；“合作花砖厂”于 1994 年被评为济南市“先进私营企业”；多次被评为区、镇“优秀会员”“先进企业”。

1995 年起，李际汉任王舍人镇个体工商业协会会长、历城区工商联常委。

## 解修敏

解修敏（1954—），历城县陈家庄（今历城区鲍山街道殷陈庄村）人。1973年参加中国人民解放军，1976年加入中国共产党，自1978年任济南军区空军载波站站长兼技师，1983年先后任正排级参谋、副连级参谋，1991年升为正营级参谋。1994年10月任济南军区空军后勤部计划教育科科长。部队工作期间，先后3次受济南军区空军后勤部嘉奖。1989年荣立三等功1次。1998年复员。

## 孟宪文

孟宪文（1956—），历城县殷家庄（今历城区鲍山街道殷陈村）人。1975年加入中国共产党，工学学士，中国人民公安大学教授，硕士研究生导师，二级警监警衔。

1974年，济南第十八中学高中毕业后回乡务农。1976—1977年任大队团支部书记期间，为普及农业知识、活跃农民文化生活，带领全体团员通过义务劳动，为殷陈庄村添置全村第一台电视机，并创办“农村图书室”。

1977年恢复高考后，考入华南工学院（现华南理工大学）无线电工程系。1982年1月毕业并获学士学位，分配至公安部11局工作，同年5月调中央政法干校（现中国人民公安大学）任教，先后担任教研室主任，公安情报学系副主任（副院长）。著有《电子警务》，主编《公安信息学》《公安信息管理与信息系统》《公安情报分析》《情报技术》等公安高等院校教材。2016 年退休。

## 韩秀霞

韩秀霞（1957—），女，历城县殷家庄（今历城区鲍山街道殷陈庄村）人。1975 年，任殷陈庄村团支部书记。1981 年加入中国共产党。1983 年起，先后任王舍人镇团委书记、妇联主任等职。

1986 年，任镇妇联主任期间，成绩突出，被山东省妇女联合会授予“优秀妇女工作者”“三八红旗手”称号。2004—2006 年，先后获济南市、历城区“优秀妇女干部”“优秀老干部工作者”称号。2012 年退休。

# 名人与殷陈

## 张万真　刘凤良　董砚萍与殷陈

张万真，1938 年生，曾任济南艺术学校校长。刘凤良，1938 年生，国家一级演员，全国戏曲家协会会员。董砚萍，女，1945 年生，国家一级演员，先后担任济南市吕剧团副团长、团长，中国戏剧家协会理事，山东省文联委员、省戏剧家协会副主席。3 人均为济南市吕剧团著名演员。

1968 年，文艺团体下乡接受贫下中农再教育，张万真、刘凤良、董砚萍随济南市吕剧团下乡到殷陈庄村，与村民一起劳动，业余时间教殷陈庄村剧团演员学习吕剧。根据当时形势，排练了吕剧《军民鱼水情》(后更名《送宝》)，历时 20 多天。同年，殷陈庄村剧团携吕剧《送宝》到锦绣川水库工地进行慰问演出，反响热烈。

## 人物名录

### 殷陈庄村副高职称以上专业技术人员表

表 15

| 姓名 | 性别 | 出生年月 | 学历 | 工作单位 | 专业技术职称 | 评定时间 |
|---|---|---|---|---|---|---|
| 陈起尧 | 男 | 1940.12 | 本科 | 解放军某部 | 高级工程师 | 1967 |
| 王金兰 | 女 | 1948.1 | 初中 | 甸柳一中 | 高级教师 | 1994 |
| 张新江 | 男 | 1940.12 | 初中 | 历城水泥厂 | 煅烧高级工程师 | 1996 |
| 孟宪文 | 男 | 1956.2 | 本科 | 中国人民公安大学 | 教授 | 2004.12 |
| 李秀兰 | 女 | 1952.1 | 本科 | 济南科信节能技术研究所 | 国家二级理财规划师 | 2009.12 |
| 李克鹏 | 男 | 1983.12 | 本科 | 山东现代学院 | 副教授 | 2019.1 |

### 殷陈庄村副团职以上军人表

表 16

| 姓名 | 性别 | 出生年月 | 入伍时间 | 工作单位及职务 | 军衔 | 授衔时间 |
|---|---|---|---|---|---|---|
| 解修敏 | 男 | 1954.5 | 1973 | 济南军区空军后勤部副团职干部 | 中校 | 1994 年 |

### 殷陈庄村副处级以上干部表

表 17

| 姓名 | 性别 | 出生年月 | 参加工作时间 | 工作单位 | 职务 | 备注 |
|---|---|---|---|---|---|---|
| 韩卫国 | 男 | 1941.12 | 1960.3 | 济南市工商行政管理局法制处 | 处长 | 2015 年，故 |
| 李显国 | 男 | 1960.11 | 1978.12 | 济南市历城区老年事业发展中心 | 一级调研员（正处级） | |

续表 17

| 姓名 | 性别 | 出生年月 | 参加工作时间 | 工作单位 | 职务 | 备注 |
|---|---|---|---|---|---|---|
| 武玉江 | 男 | 1970.1 | 1987 | 济南市历城区人民检察院 | 副检察长（正处级） | |
| 刘　鹏 | 男 | 1970.10 | 1989.3 | 济南市委档案局 | 副处长 | |
| 武玉波 | 男 | 1974.3 | 2002 | 农业农村部办公厅 | 三级调研员（副处级） | |
| 李红超 | 男 | 1979.12 | 2002.7 | 山东建筑大学交通工程学院 | 学院党委副书记（副处级） | |

**殷陈庄村区级以上人大代表、政协委员表**

表 18

| 姓名 | 性别 | 出生年月 | 工作单位及职务 | 当选级别、界次 | 任期 |
|---|---|---|---|---|---|
| 李树平 | 男 | 1948.1 | 殷陈党支部、书记 | 历城区第十一届人大代表 | 1983—1987 |
| 李树平 | 男 | 1948.1 | 殷陈党支部、书记 | 山东省第六届人大代表 | 1983—1987 |
| 解修德 | 男 | 1961.7 | 殷陈党支部、书记<br>殷陈庄村委会、主任 | 历城区第十四至十七届人大代表 | 1997-2016 |
| 谢呈波 | 男 | 1975.9 | 殷陈党支部、书记<br>殷陈庄村委、主任 | 历城区第八届政协委员 | 2014—2016 |
| 谢呈波 | 男 | 1975.9 | 殷陈党支部、书记<br>殷陈庄村委会、主任 | 历城区第十八届人大代表 | 2017—2020 |

**殷陈庄村获市级以上表彰人员表**

表 19

| 姓名 | 性别 | 出生年月 | 工作单位 | 荣誉称号 | 授予单位 | 获奖时间 |
|---|---|---|---|---|---|---|
| 刘灿水 | 男 | 1949.12 | 济南市公共交通总公司 | 优秀工会积极分子（工作者） | 济南市总工会 | 1985.6 |
| 刘灿水 | 男 | 1949.12 | 济南市公共交通总公司 | 1985 年度优秀工会积极分子 | 济南市公用事业总公司 | 1986.3 |

续表 19

| 姓名 | 性别 | 出生年月 | 工作单位 | 荣誉称号 | 授予单位 | 获奖时间 |
|---|---|---|---|---|---|---|
| 刘灿水 | 男 | 1949.12 | 济南市公共交通总公司 | 1989 年度先进生产者 | 中共济南市公用事业总公司委员会、济南市公用事业总公司 | 1990.2 |
| 韩秀霞 | 女 | 1957 | 王舍人镇镇妇联 | 优秀妇女工作者、三八红旗手 | 山东省妇女联合会 | 1986 |
| 李秀兰 | 女 | 1952.1 | 济南科信节能技术研究所 | 济南市科技进步二等奖、济南市自学优秀人才 | 济南市科学技术进步奖评审委员会、济南市人事局、济南市成人教育局 | 1994.5<br>1995.12 |
| 李显国 | 男 | 1960.11 | 济南市历城区老年事业发展中心 | 全市社区建设工作嘉奖奖励 | 济南市人民政府 | 2007.7 |
| 李显国 | 男 | 1960.11 | 济南市历城区老年事业发展中心 | 全省老龄工作二等功 | 山东省人力资源和社会保障厅、山东省老龄工作委员会办公室、山东省公务员局 | 2015.10 |
| 韩明亮 | 男 | 1970.3 | 济南轨道交通重工集团 | 优秀共产党员 | 中共济南市国资委委员会 | 2019.6 |
| 刘　鹏 | 男 | 1970.10 | 济南市委档案局 | 双拥工作先进个人 | 济南市委、市政府、济南军分区 | 2004.7 |
| 刘　鹏 | 男 | 1970.10 | 济南市委档案局 | 抗疫优秀退役军人 | 济南市退役军人事务局 | 2020.8 |

**殷陈庄村革命烈士表**

表 20

| 姓名 | 性别 | 出生年月 | 入伍时间 | 所在单位职务 | 牺牲时间、地点 |
|---|---|---|---|---|---|
| 陈起顺 | 男 | 1933 | 1951 | 中国人民志愿军 60 军 179 师 5351 团通讯员 | 1952 年、朝鲜 |
| 何光成 | 男 | 1934 | 1951 | 中国人民志愿军 60 军 179 师 5351 团机枪手 | 1952 年、朝鲜 |

# 大事纪略

## 1947年玉皇台遭劫

玉皇台也称“玉皇庙”，位于殷陈庄村北约200米，王舍人庄南。玉皇台原为春秋战国时期鲍叔牙所建的阅兵台，唐朝时改建为玉皇庙。玉皇庙坐北朝南，高约6米、2000余平方米，南门为19个台阶，台阶两旁有青石滑道，两边各有一尊石狮子，周围为青石围栏，高1米多。大殿坐落于北侧正中约四分之三处，大殿前，东侧为钟楼，梁上悬挂重约千斤的铸铁大钟，西侧为3间高大的住房。大殿东北有一口水井。大殿建筑宏伟高大，东西长约50米，高约6米，为青石青砖结构，屋顶为青瓦飞檐，殿内正中塑有玉皇大帝神像，身后有两名护班，东西两侧高台上各塑有3尊三头六臂神像。大殿墙壁有彩绘壁画，人物花鸟栩栩如生。大殿前廊雕梁画栋，由两根红油漆柱子托起。庙前东侧有一棵两人合围的大杨树和一幢明朝重修玉皇庙石碑。庙前为广场。

清朝末年有和尚程义居住，耕种庙地，自给自足。传说曾有人见过，每天早晨和尚在玉皇大帝塑像前盘腿打坐，敲着木鱼念经，念经时，有一条大蛇从玉皇大帝像后墙上的洞内出来盘在和尚面前，和尚念完经后，大蛇随之退去。

1947年，陈家庄住进国民党还乡团——“六县联合大队”一伙人。他们听说玉皇庙内玉皇大帝塑像胸中有金元宝，6尊三头六臂神像胸中有银元宝。这伙人将塑像破坏，在胸口掏出大洞，将宝物盗走。庙前大杨树被他们砍伐烧柴，之后扬长而去。

## 殷陈庄村抗美援朝纪略

朝鲜战争爆发后，殷陈庄村响应“抗美援朝、保家卫国”号召，先后有29名村民参加志愿军，赴朝作战，抗美援朝。

第一批16人（陈起顺、何光成、段克富、郭玉水、陈锡禄、李树淮、刘延曾、陈起勇、武仁斋、解洪儒、谢吉星、韩家福、李际清、韩贵声、陈世荣、李温山）于1951年入朝；第二批1人（武大财）于1952年入朝；第三批6人（章文华、谢润美、陈世禄、曹永安、宋呈祥、孟宪法），于1953年入朝。每批志愿军入伍赴朝，村民都自发组织秧歌队敲锣打鼓，送到村外。另外6人，杨宝泉、孟兆新属铁路职工参军，钱顺明属汽车工参军，武刚、韩家高为解放军随部队赴朝作战，章文郁为在校生参军。

殷陈村参军战士在抗美援朝战争中英勇作战，陈起顺、何光成在上甘岭战役中英勇牺牲。段克富参加第五次战役，荣立战功；郭玉水在战斗中7次负伤，荣立战功；武刚参加战斗12次，立三等功4次。

## 1950—1956 年殷陈庄村“护路运动”

为保卫胶济铁路运输大动脉免遭敌特分子破坏，1950—1956年，响应历城县委、县政府和济南铁路局公安处号召，殷陈庄村 6 名民兵组成护路队，在队长谢润台带领下参加护路运动。

殷陈庄村护路范围从历城火车站到三七四火车站，全长约 4 千米。要求确保路基、轨道及铁路沿线国防通信线路安全。护路队实行两人一组轮流值班（三班倒），24 小时不间断巡护。

1951 年，谢润台在巡逻至鲍山坡北头路段时，发现轨道上有巨石，此时一列由东向西行驶的火车即将经过，千钧一发之际，他用力掀开石块，并因此负伤，因事迹突出，谢润台被评为“护路模范”，是年冬，出席铁路公安系统在青岛召开的护路运动表彰大会。

## 二十世纪六七十年代殷陈庄村农田基本建设

殷陈庄村地处泰山北麓，有鲍山、将山、盘龙山、烈士山等泰山余脉，南高北低，沟壑纵横，全村4576亩土地，多属台地、坡地，主要种植谷子、高粱、大豆等耐旱作物。正常年景粮食亩产百余斤，遭遇大旱甚至颗粒无收。

1958年人民公社成立后，实行土地公有，为改善生产条件，是年冬季，殷陈庄村组织社员搬运土方600多立方米，整平胶济铁路以南、工业南路以西40余亩农田。

1959年成立殷陈大队，下设12个生产队，大队将荒坡与零散地块、堌子（土堰）分配至各生产队开垦、整平，起垄种红薯。

1964年冬和1965年冬，王舍人公社号召整平土地，实行大兵团作战，集中公社劳力逐村整改土地，1965年，为殷陈庄村整治鲍山西侧3条泄洪沟，整平土地300余亩。

1967—1968年，殷陈大队组织社员搬运土方2万多立方米，整平殷家庄西台地80余亩。

从20世纪70年代开始，殷陈大队每年都利用农闲时节组织社员整平土地。至1978年，共整平土地3000余亩。

1963年，盘龙山以北、将山以西原历城县殷家沟铁矿废弃后，矿坑形成深10米左右的水塘，1963年，殷陈庄村组织民兵搭建平台，安装两台大型水泵从坑内抽水，同时修建500米水泥渠道，灌溉农田。

1966年春，殷陈庄村在村西北角（靠近胶济铁路）建设连环井引水工程，挖直径5米的水井3眼，井底相连，同时修建水渠3千米，建渡槽2个（长度分别为30米、6米）、涵洞5个，往鲍山、将山引水灌溉土地。后因干旱，水位下降，工程废弃。

1967年，殷陈庄村聘请原历城县水利局钻井队在盘龙山北坡果园打1眼机井（深150米、直径30厘米）。

1968年，在将山北坡打150米深的机井2眼。

1975年，殷陈庄村成立钻井队，至1980年共打机井24眼（鲍山东、南侧9眼；将山西、北侧6眼；炼油厂东、北侧5眼；工业南路以北4眼），并分别配建300 ~ 600立方米的蓄水池，农田灌溉问题基本解决。种植结构由单一种红薯改为种植小麦和玉米（一年两作），年粮食亩产增加至800千克。

历城县委、县政府多次组织到殷陈庄村参观学习。

## 1961年殷陈庄村踊跃缴公粮

1961年，山东大部分地区先旱后涝，黄河沿线灾情严重。王舍人公社12个生产大队除殷陈庄村以外皆受灾情影响，粮食绝产，群众生活困难。

殷陈庄村当时主要种红薯，是年红薯丰收。时任王舍人公社副社长、殷陈庄村支部书记王好镇，动员各生产队，踊跃缴纳红薯干18.6万斤，帮助王舍人公社完成当年公粮缴纳任务。

此外，将20万斤红薯干用马车送至同样受灾严重的华山公社，解了群众断粮之急。

## 将山石料厂发展纪略

将山位于鲍山南侧，殷陈庄村东南方向1.5千米处，海拔120米。山石细腻，硬度适中，含钙量高，色纯无杂质，适宜烧制石灰和生产大型板材。早在明代即有开采。

中华人民共和国成立前后，以加工条石、块石为主，产品主要销往山东北部、河北南部，并一度用于小清河防洪工程、黄河大坝建设，北京故宫、南京中山陵、天津港等大型工程曾使用该石材。

中华人民共和国成立初期，尚有石灰窑50余座。

1958年，成立东郊公社石料厂。

1959年，成立殷陈大队后，石料厂成为大队集体企业，实行大队统一管理，生产队分散经营，收入归各生产队。支部委员武鑫、杨长河分管，杨宝成为山场管理人员。

60年代后，石料厂不再生产大型石材，改为生产块石、石子、乱石等，主要供应济南钢铁厂和济南市各大建筑工地。济南钢铁厂为此于1965年建成铁路专线。

1969年更名为将山石料厂。1975年开始，陆续增加压风机、大型磕石机、翻斗车、拖拉机、装卸机等设备，运输车辆有150多辆。至1978年，年产值增至70余万元。

1979—1985年，开采量逐年增加，1985年实现产值170万元。

1985年后，将山石料厂逐渐由集体企业转为5家个体承包经营，以生产乱石、石子、石灰为主。

2005年，封山。

将山石料厂为殷陈庄村村办企业之始，为殷陈庄村发展提供了资金支持，扩大了就业，增加了村民收入。

## 1973—1979 年知识青年下乡到殷陈

1973—1979 年，知识青年响应毛主席提出的“知识青年到农村去，接受贫下中农再教育”的号召，分 4 批到殷陈庄村下乡，共 114 位。

第一批 37 人，由张新一带队，于 1973 年秋到村；第二批 7 人，由赵元淮、徐爱华先后带队，于 1974 年秋到村；第三批 40 人，由王克钦、潘文尧、段玉敏、赵元淮、陈新华先后带队，于 1975 年秋到村；第四批 30 人，由朱姓老师带队，于 1978 年到村。

前 3 批在殷陈庄村下乡的知青全部来自东郊公社，第四批来自济南市电子局。知识青年年龄均在 16 ~ 20 周岁。

1973—1975 年，下乡知青住在空置的殷陈小学内，设立食堂，自己做饭。

知青在殷陈庄村，分配到生产队参加劳动，大部分知青学习种地，少部分学习开拖拉机、木工、建筑工等。业余时间参加各种文体活动。

下乡知青实行工分制，按劳取酬，根据殷陈庄村年度收益，兑现报酬 400 ~ 600 元。各生产队与带队负责人结算，扣除餐费后，在召开知青家长会时，直接交付知青家长。

作为共产党员，赵元淮带队期间兼任殷陈庄村党支部副书记，主要负责知青管理工作及部分村务。村内由村党支部副书记李树平和支部委员钱宝贞负责知青管理工作。

第一批知青下乡到殷陈庄村时，村民兵连组织进行训练，练习实弹打靶，还从东郊公社邀请老红军，为知青讲述战争年代的故事，对知青进行革命传统教育。

1975 年殷陈庄村专门成立建筑队，建设“知青楼”2 幢。每幢知青楼有 2 层，下层为石砌结构，上层为砖混结构，上下两层各有房屋 30 间（两人一间），同时配套厨房、卫生间及活动室、广播室、图书室，总建筑面积约 2000 平方米。

1976 年底，历城县知青办授予殷陈庄村“历城县模范知青点”称号。

从 1974 年起，知青陆续返城，至 1978 年，前 3 批知青全部返城，离开殷陈庄村。1979 年，第四批知青全部返城。

## 殷陈庄村“花砖一条街”发展历程

20世纪70年代末，殷陈庄村部分村民开始生产花砖，规模较小，分散经营。

20世纪80年代初，武光林、武光喜、武光明合伙建立鲍山新型建材厂，占地1700平方米，主产花砖、花格及各种预制件。李际汉建立合作花砖厂，占地约2300平方米，主产花砖、花格及各种预制件。韩平声建立历城区王舍人镇预制构件厂，占地约1860平方米，主产花砖、烟道部件。李良水建立鲍鑫花砖厂，占地1800平方米，主产花砖。

20世纪80年代末，殷陈庄村为促进花砖企业有序、规范发展，将村内花砖个体企业集中于飞跃大道两侧，西至工业南路，东至水泥厂宿舍片区，由个体企业书面申请，村委统一规划、批地，村委收取土地租赁费。

至90年代初，近30家花砖个体户在此开店建厂，形成花砖一条街，总占地面积约3万平方米，年产值1000余万元，花砖等产品销往鲁北及河北南部，花砖一条街进入鼎盛时期。

2003年9月，济南市启动创建国家环境保护模范城市工作，因防治污染，制作花砖原材料的历城水泥厂、将山石料厂于2004年停工停产，花砖一条街也因此逐渐萎缩。

## 殷陈庄村业余剧团

1950年，殷陈庄村成立业余剧团，排练节目有话剧《韩源借粮》《小二黑结婚》《夫妻学文化》《劳动光荣》《送郎参军》，五音戏《梁山伯与祝英台》《缝垛落》《钓金龟》，京剧《卖水》等。

1959—1962年，利用冬季农闲时节，剧团先后排练大型吕剧《龙凤面》《井台会》《李二嫂改嫁》《墙头记》《小姑贤》《柜中缘》《两垄地》并在春节期间会演，直至元宵节。1962年应邀去鱼山铁矿演出《墙头记》《井台会》《李二嫂改嫁》。

1966年冬，“文化大革命”开始后，殷陈庄村剧团与济南市第十八中学学生排练演出对口词《枪》；吕剧《两垄地》《三定桩》；芭蕾舞剧《白毛女》；山东琴书《陈大娘看闺女》；话剧《三世仇》《放风筝》《箭杆河边》《十六条枪》《五杆杈把》。

1968年，济南市吕剧团下乡到殷陈庄村，吕剧名家张万真、刘凤良、董砚萍教殷陈庄村剧团演员学习吕剧。

1970年，历城文化馆将吕剧《送宝》推荐给济南市文化局，在济南市大同剧场（当时位于济南市共青团路）专场演出。

1971年初，代表历城县在济南市职工剧院参加市文化局组织的会演，获上级领导和观众一致赞誉。

1971年3月，殷陈庄村排练的吕剧《送宝》，被历城县文化馆作为优秀剧目推荐到县里，在17个公社进行为期一个月的巡回演出。

1976年，在村党支部领导下，由李洪生、李树平、谢呈玉、韩秀云组成演出小分队，表演对口词、山东快书、单口相声等，参加历城区调演，在全县范围内的学校、工厂、企事业单位演出多场。

1979年冬，在殷陈庄村团支部书记韩秀霞带领下，剧团成员（章文泉、李洪生、韩秀霞等19人）排练《墙头记》《柜中缘》《审椅子》《三定桩》。

1987年，村民韩治安组织成立演唱组，成员有十余人，每晚组织演唱活动,《济南日报》记者专程到殷陈采访。

1991年，在殷陈庄村委办公楼（原殷陈小学旁）一楼设“老年之家活动室”，解修禄带头组建京剧社——“百花剧社”，历城县宣传部领导到殷陈庄村挂牌，京剧票友达30余人。济南市京剧团名师亲自到村指导，排练《打渔杀家》《钓金龟》《红娘》《苏三起解》《白蛇传》《沙家浜》《智取威虎山》《赤桑镇》《红灯记》等多个传统节目。

2000年，殷陈庄村组织成立业余吕剧团（30余人），村民章文泉为团长，李洪生担任导演兼主演。排练吕剧《小姑贤》《墙头记》《井台会》《借年之后》。

2000年2月，殷陈庄村被中共王舍人镇党委、王舍人镇人民政府评为“十大民间艺术村”。

2001年，殷陈庄村剧团多次参加省市会演，并囊括一、二等奖，获得各级政府表彰；解修禄，自编自演多个节目，配合宣传党的方针政策，活跃农村文化生活、传承国宝艺术，中央、省、市级6家报社为其整版报道。

2006年，王舍人镇文化馆彭庆和联系殷陈庄村民李洪生担任百花剧社负责人，在百花剧社京剧社的基础上，另行成立吕剧组（20余人），先后排练吕剧《姊妹易嫁》《借年》《补瓢》《故乡情》。

2010年8月，殷陈庄村开始旧村改造，老年活动室拆除，剧团暂停。

## 殷陈庄村旧村改造纪略

2010年旧村改造以前，殷陈庄村房屋基本为砖混结构，有三分之二房屋建成二层楼房，住宅共有500余套，村内有南北大街、东西大街各4条，其余道路比较狭窄，村庄布局混乱，配套设施不够完善。

2010年4月，经济南市农村住房建设与危房改造工作领导小组批复核准，按照济南市历城区委、区政府“三个一批”工程的要求，殷陈庄村自筹资金、自主建设，进行村庄改造。

殷陈庄村民积极配合拆迁，在政府尚未拨付拆迁补偿款的情况下，20日内完成拆迁。

依据济南市人民政府《关于进一步加快市区村庄改造建设的意见》（济政发〔2009〕31号），2010年7月，殷陈庄村开始旧村改造，项目规划用地11.83公顷，总建筑面积约43万平方米，（含住宅楼、幼儿园、活动中心），需安置村民4024人，1872套房。

殷陈旧村改造项目建设过程中，因政策不断调整，资金一度紧缺，濒临停工，村两委成员团结一心，共克艰难，共筹集到资金4.6亿元，努力推进安置房项目建设进度。

历时8年，殷陈庄村完成安置房建设22万平方米，水、电、暖、天然气等配套设施均已完善。

至2018年2月14日，殷陈庄村民全部安置入住殷陈新小区。

## 菜鸟物流落地殷陈

济南市政府为加快城市化发展进程，促进城市经济发展，着重部署打造区域性物流中心，全力推进菜鸟物流项目（中国智能骨干网济南历城区项目）落地。

2016年，殷陈庄村在历城区委、区政府大力帮助下，引进菜鸟物流项目。项目位于飞跃大道以南，凤岐路以西地块，总占地面积约1000亩（共3期）。为使菜鸟物流项目顺利落地殷陈、早日完成建设，殷陈庄村民积极配合拆迁，为菜鸟物流项目创造良好的建设条件。

菜鸟物流一期（中国智能骨干网济南历城1–1期项目）在建项目占地面积约240亩（16万平方米），建筑面积约15.7万平方米。一期项目规划：智能仓库5栋（4栋双层库、1栋立体高架库），动力中心、物业办公、配套楼、宿舍楼各1处，自行车棚2处。

至2020年7月，菜鸟物流一期主体建设已基本竣工。

## 2018 年、2019 年殷陈庄村两度举办“朴里节”

2018 年中秋佳节之际，殷陈庄村联合济南万科物业举行首届“朴里节”。居民们和万科物业工作人员共同表演文艺节目，这是殷陈庄村旧村改造回迁后举行的首次大型文艺活动。“朴里节”旨在“打造质朴友善的邻里关系，倡导文明礼让的社区生活”。

2019 年 10 月 7 日，国庆节恰逢重阳佳节，殷陈庄村联合济南万科物业举行第二届“朴里节”，邀请专业演出团队到殷陈表演，与殷陈居民欢聚一起，共度佳节。殷陈庄村委还组织辖区内多家企业慰问老年村民，为 70 岁以上老人发放油、米等重阳节福利，为殷陈小学的学生争取助学礼包。

## 2019年殷陈庄村启动鲍山孝园项目建设

为完善村镇整体改革、深化中央殡葬改革政策，殷陈庄村发扬“厚养礼葬”的孝道精神，从2019年3月开始，殷陈庄村启动现代化、园林化、规范化公益性公墓——鲍山孝园建设。

该项目位于鲍山南麓、飞跃大道以北，占地10亩，设计墓穴5万个，其中有双墓穴4万余个、单穴约9000个。截至2020年11月，一期工程基本完工，建有1.3万余个墓穴，其中双穴约1万个、单穴约3000个；二期工程尚在建设过程中。

鲍山孝园建置强大数据库，实行智能数据化管理，亦可运用网络进行远程祭拜，真正做到“绿色殡葬”“生态殡葬”。

## 2020年鲍山街道办事处与殷陈庄村共建党建文化广场

鲍山党建文化广场位于殷陈新小区对面、飞跃大道以南，为殷陈庄村旧址，总面积18亩。该地块于2010年被政府规划为绿地。

2020年5月，经鲍山街道办事处与殷陈庄村协商，按照政府规划，在该地块共同打造一处集休闲娱乐、党性教育于一体的党建文化广场。广场建设按照“以人为本”“以绿为主”“因地制宜”“崇尚自然”的理念，设计有千人运动广场、大舞台、“爱国者号”红色教育空间、廉政教育培训中心、警示教育区、鲍山历史文化展示区、革命历史主题雕塑、灯光秀景观区、休憩区等。

2021年6月党建文化广场建成并投入使用。

鲍山党建文化广场充分展示鲍山街道办事处十年间发展变化及辖区内24个自然村的村史、民情，寄存鲍山专属记忆、感知鲍山人文魅力，丰富鲍山人民文化生活。

## 2021 年殷陈庄村举办“永远跟党走，党在我心中”献礼建党百年文艺会演

为庆祝中国共产党建党 100 周年，深入落实党史学习教育，丰富群众精神文化生活，2021 年 6 月 18 日，殷陈庄村在鲍山街道党建文化广场举办“永远跟党走·党在我心中”献礼建党百年文艺会演，殷陈庄村村民、鲍山街道领导及有关新闻媒体参加活动。

晚会历时 2 小时，通过诗朗诵、歌曲、舞蹈等节目热情讴歌革命先辈的英雄事迹，缅怀中国共产党带领人民群众艰苦奋斗的光辉历史，激励人们不忘初心、继续奋斗，永远跟党走。

# 殷陈口述

## 殷陈庄村的吕剧

口述人：李洪生，男，1943 年 2 月出生，籍贯菏泽市牡丹区李集村，1952 年迁入陈家庄。

记录人：姜　晶

殷陈是一个文化氛围浓厚的村庄，有许多文艺爱好者，其中吕剧尤其受到大家的喜爱。中华人民共和国成立初期，村里的文艺爱好者自行组织成立业余剧团，演员自费购置服装道具，排练很多剧目。多次应邀参加大型演出，受到观众赞誉和有关部门表彰。

1950 到 2010 年间，先后排练过吕剧:《龙凤面》《井台会》《李二嫂改嫁》《墙头记》《小姑贤》《柜中缘》《两垄地》《三定桩》《送宝》《审椅子》《借年之后》《姊妹易嫁》《借年》《补瓢》《故乡情》。每逢春节在周边村庄巡回演出，也曾应邀去鱼山铁矿、锦绣川水库等地进行慰问演出。

20 世纪 70 年代初，吕剧《送宝》被推荐给济南市文化局，在济南市大同剧场（当时位于济南市共青团路）专场演出、代表历城县在济南市职工剧院参加市文化局组织的会演，还被历城县文化馆作为优秀剧目选中，在 17 个公社进行为期一个月的巡回演出。剧团每次演出都受到观众的高度赞誉。

# 殷陈大车门

口述人：谢呈祥，男，1952 年 10 月出生，殷陈庄村人。

记录人：姜　晶

20 世纪 50 年代前，我们村的民宅为典型北方民居，都是独立院落，以四合院、大车门为基础结构。四合院就是四面有房组成的方正院落。以正三间北屋为主屋，东西两边为厢房。四合院的大门分为车门、楼子门、挑门楼（一担挑）。车门有出入和停放马车的双重功能。村中中等家庭以上的四合院大门多数为大车门。

大车门的建筑结构分为砖石木结构、砖石土木结构。大车门的地基全院最低，比街面高 15 厘米左右，纵深约 3.5 米，宽约 4 米。前门垛砖石结构呈外八字形，长条石门枕，石卡框硬木过梁，青砖檐头梢根。小青瓦或石板做檐梢。人字起架有一偏梁，俗称靠山梁。木质大门分为双扇大门、单扇活板大门（俗称板大门）。大车门无下框，竖框三条呈倒山字形，中为一活框。双扇门活框座中，单扇板大门活框偏门一边，单扇门窄于门板一边。每块门板约 20 厘米宽，两道搭扣，上下门槛有凹槽，将门板依次推在槽内，推上中框插上横栓，即成一体。

全村民宅带有大车门的共有 52 户，其中武光林、武鑫家的大车门修建得较好，为全石结构、平顶，门板采用上乘板材。20 世纪 70 年代后，随着民宅的陆续翻新、改建，大车门逐渐减少，至2010年，实行旧村改造，大车门退出大众视野。

# 老官道

口述人：陈起宝，男，1947 年 3 月出生，殷陈庄村人。

记录人：姜　晶

20 世纪 40 年代以前，殷家庄、陈家庄的南街是通往济南城区的“老官道”。这条官道东至章丘，经鲍山南侧、殷家庄、陈家庄向西延伸，直至济南东门，全程约 100 千米，道宽 5 米左右，行人、车马络绎不绝，是济南东部地区通往省府的交通要道。“老官道”给殷陈带来了商机，一部分村民在官道旁边开起马车店、百货店、炒货店、豆腐坊等，其中李氏、钱氏、陈氏三家马车店生意做得较大。中华人民共和国成立后，周边其他道路的修建使交通愈加便利，走“老官道”的人逐渐减少。随着社会发展建设，“老官道”于 20 世纪 70 年代消失。

## “长袍马褂”

口述人：谢吉孔，男，1961 年 3 月出生，殷陈庄村人。

李洪生，男，1943 年 2 月出生，籍贯菏泽市牡丹区李集村，1952 年迁入陈家庄（现殷陈庄村）。

记录人：姜　晶

长袍马褂由长袍与马褂两部分组成。长袍，为大襟右衽、平袖端、盘扣、左右开裾的直身式袍，在清代原属便服，称为“长衫”“袄”，又俗称“大褂”，至民国时期作为礼服所用者概称为“袍”。马褂，对襟、平袖端、身长至腰，前襟缀扣襻五枚。

民国时期，只有稍有些“脸面”的人，才穿得起长袍，大都是商人、官僚、文人，还有家境较富裕的平民百姓。长袍有单袍、夹袍和棉袍之分，夏天穿单袍即可，在春天和秋天，长袍可做成夹袍，到了冬天，长袍可加入棉花做成棉袍。

记忆中，在整个殷陈庄村，只见过两位老人穿过长袍马褂，分别是李玉璞、李玉珠，李玉璞将长袍马褂作为常服穿，而李玉珠仅在出远门或有庆典活动时作礼服穿。“文化大革命”时期，村里剧团演出歌剧《三世仇》，我（李洪生）还曾借来李玉珠的长袍马褂作为演出服。“文化大革命”后期，村中就没有人再穿过长袍马褂。

# 殷陈庄村的农田基本建设

**口述人：**陈起宝，男，1947 年 3 月出生，殷陈庄村人。

**记录人：**姜 晶

殷陈庄村地处丘陵旱区，本村有 3 条大沟，分别是放牛沟、大雁沟、红土沟，有 3000 多亩土地被冲刷成大小 1000 多块分散的地，高低不平、荒坡多、坟茔多，耕种靠原始方式，靠天吃饭，收成极少。

人民公社成立以后，土地归集体所有。1965 年冬，王舍人公社 12 个生产大队开展大协作，由公社组织 500 多名强壮劳动力展开大兵团作战，对 3 条沟进行整平。人们用钢钎大锤砸开 20 多厘米厚的冻土，人工用抬筐抬土，虽然天气寒冷，干起活来浑身冒汗，一日三餐吃在工地，早 5 点出工，晚 6 点收工，各大队之间比干劲、比进度，你追我赶，每天进度由工地指挥部进行公布，表彰好人好事和进度情况。当时战场提出的口号是：早出工、晚收工，月亮底下比英雄，谁英雄、谁好汉，干起活来比比看，干到腊月二十九，吃了包子再下手。在治理放牛沟时，殷陈庄村第九生产队村民韩家英因冻土塌方被埋在土堆里，经抢救无效后，不幸身亡。经过两个多月的紧张施工，填平了红土沟、大雁沟，治理了放牛沟，总共搬运土方达5000多立方米，整平了上百条堨子，把零、散、乱的小地块整成了3大片。

土地整平后，新的问题又来了，浇地的水源哪里来？大队决定不计一切代价找水源，使全村土地能浇上水，成为水浇地。1966年春，发现殷家庄北的3眼水井水量很大，日夜抽水不干，4月份左右，把小口井变成大口井，为了增加出水量，在3眼井底部挖横管相连，连同附近原有的两口小井一并连通，修建长达几千米的水渠，把水引到庄东的大田里。在钻井过程中，殷陈第三生产队村民韩培智因井壁塌方，不幸遇难，年仅21岁。1967年夏，历城县水利局在化轻公司（102仓库）殷陈果园成功钻深井1眼。由于周边各厂开采地下水，水位下降，濒临干枯。

村党支部请山东省地质局801地质队专家查看地下水源，查明殷陈庄村地下水源丰富，决定自己钻深井，购买了钻井机、成立钻井队，由王好镇书记负责。钻井队伍3班倒，先后钻深井24眼，其间修筑水渠20千米左右，近3000亩土地变成了旱涝保收的稳产高产田。1972年3月26日，在殷家庄南钻井时，殷陈庄村第五生产队村民孙善志头部被钻杆砸中，不幸遇难。

# 石匠世家

口述人：孟宪君，男，1950 年 10 月出生，殷陈庄村人。

记录人：姜　晶

我是孟宪君，1950 年生于殷家庄。我爸爸孟兆相、爷爷孟广金、老爷爷都是石匠，可说是石匠世家。解放前，以我家为主和杨京福，孟广东等几家合伙开石窝，石匠最多时有十余人，主要开采南石河的石头，这里的石头与将山的石头不同，一层一层的，硬度较大，但每层厚度都差不多，是垒墙盖房的八寸子（又称“腿子石”）的好材料，小清河以北盖房子多用这种材料做基础。开山人迷信，每年除夕都到石窝里去上供，焚香烧纸，虔诚跪拜，祈求神灵保佑平平安安、降福人间。每个人的石窝旁边都建有一个石屋子用来躲避风雨，石屋里支起石桌、石凳吃饭、休息。都说开山是一本万利的事，只要肯下大力气就能挣钱，旧社会建新房的很少，石材销量有限，但春、冬农闲时节上山打石头总比虚度光阴强，还能有些许收入贴补家用。开山是个力气活，吃不饱不行，我家的地少，打下的粮食有限，供十几个石匠吃不了多久，到集上买粮食又没有现钱，只好把街坊家多余的粮食先拿来吃了，等卖了石头再偿还粮食钱。吃的干粮是囫囵谷饼子、高粱饼子，就咸菜，很少吃蔬菜，没有油水，吃了便秘，但能吃饱人就很满足了。

早年间开山用火药，为了节约开支舍不得使用，用钢钎、大锤、大楔、小楔把石头开下来，不到万不得已不使用火药，这样开山增加了危险性和劳动强度。我祖父在世时，刘智远村的王玉敬（我的表大爷）在我们石窝里干活时被石头砸断了腿，我们整天背着他求医治疗，住在我家管吃管喝长达三年才逐渐恢复健康。夏天开山，人们只穿短裤，砸石头崩起来的石碴，碰到腿上就是一道血口子，如果血口较大，就用石头面子按在伤口上止血，然后继续干活。开山人没有一天不见血的。

学石匠要拜老师，三年出徒，学徒期间，早晚上下工担工具、中午回家拿饭都是学徒的活，过去的大楔、大锤每件都有三十多斤，学徒背工具不能怕累，学徒期间要多干活还要侍候好老师。学徒三年只管饭没有工钱，“师徒如父子”，老师去世要和亲儿子一样披麻戴孝。学徒时要先学打楔窝，这个活看起来简单其实是个技术活。石匠也有些精细活，专干精细活的叫“细石匠”，比如刻石碑要先由会书法的人将字写在石碑上，再用钎子雕刻，刻出的字要保持书法的“精气神”。有些懂书法的石匠刻出的字能把原书法的缺点进行修正，使之成为完美的作品。我们石窝的杨京春、杨京华都是粗、细活都能干的能工巧匠。麦收后上山打石叫开“热山”，这时白天长天气热，要趁早晨天气凉爽早早上山，早饭带到山上，午饭由学徒回来拿。天热了带到山上去的水喝完了，就喝雨后存到石头窝里的窝水。有时南石河有水，就到河里打些水来解渴。

南石河的石头硬度大，开下的乱石很少有人来买，如有来拉的只是给个锅饼，石匠帮忙装满车，很少有人给钱。离我家石窝不远，有一块很大、很圆的石头叫“石星”，传说是天上掉下来的一颗星，人们都不敢动它，除夕敬山神时也要给“石星”焚香烧纸。我家世代开石窝，但我家盖屋，没舍得用自己石窝的“八寸子石”，只用了乱石，基础很矮。

解放后，随着农业合作化的发展，石窝成了公家的。南石河的石头石质不好，不再有人开采，都去开采将山，为集体增加收入。

## 外乡人在殷陈

**口述人：**李洪生，男，1943 年 2 月出生，籍贯菏泽市牡丹区李集村，1952 年迁入陈家庄（现殷陈庄村）。

**记录人：**姜　晶

我的老家是现在菏泽市牡丹区李集村，自幼随父母逃荒至济南，租房住在县西巷 38 号，父亲在东关毛家花园当花工，维持全家生活。据我父亲说：1948 年 8 月济南即将解放时，城内乱作一团，很多人都撤离济南去乡村，我们一家也从县西巷搬到乡下，住到郭家庄。在郭家庄住了一年多后，又搬到小苏家庄，后经朋友介绍于 1952 年搬到陈家庄居住，住下后房东和周围邻居对我们全家都很友善，因是外籍人员房无一间、地无一垄，生活相当困难，周围邻居麦收、秋收时节给我们家部分粮食生活才得以维持。随后搬到武光林家，住了四年，从未收过租金，因父母都在外扛活，我在王舍人小学上学，回家后父母经常不在家，我经常跟武光林家吃饭。麦收、秋收后他们给我们部分粮食从不收钱。不久经人介绍在本村购买一处院落，办买卖手续得有本村有威望的人帮忙办理如介绍人、中人、书写先生，这可把我父亲难住了。因我们家是外来户，和这些人都不熟悉，能不能请动他们还在两可，结果找到他们一说即应，当时是陈洪藻、刘振河帮我们操办的，还帮我们节省部分费用。后来父亲说道：“我们在他乡举目无亲，能得到这些有威望的人帮助，真是没有想到。”为了感谢他们，我母亲拿礼物看望他们，礼物被原封退回。通过以上这些事情，坚定了我们全家人定居陈家庄的决心。

1962 年我结婚后把我们家分到了陈家庄 7 小队，全队社员对我们非常照顾，修房盖屋每家都有人来我家帮忙。村里的领导对我处处教育重用，让我带人安装全村的自来水设施，完成后让我管理冰糕厂的后期建设，冰糕厂竣工后让我任第一届厂长。被人承包后，村领导又带我到浙江考察家庭手工业项目，成立了拔丝厂。1987 年村委派我到砖厂协助寿光人做管理工作，8・26 大雨造成砖场重大损失，承包商终止合同，改由我承包砖厂，三年后因特殊情况我不再承包。2010 年旧村改造，村两委安排我到旧村改造指挥部工作，直至 2020 年 1 月。以上事实说明，殷陈庄村的村民、干部是有包容心的，不歧视外来人员，而是提供条件让外来人员致富。我现在是 78 岁四世同堂的老人，能过上这样幸福美满的生活是党的政策好，殷陈庄村风好，我很知足。

## 鲍城的传说

**口述人：**刘汝振，男，1983 年出生，山东济南人，参与编著《鲍山消失的村落》《梁王记忆》《鲍山文韵》等书刊。

**记录人：**姜　晶

宋《太平寰宇记》卷十九历城条中说：“鲍城，在县东三十四里。”元《齐乘》中说：“鲍城，济南东三十里。鲍山下禹裔有鲍叔，仕齐食采于鲍，因以为氏，鲍叔生叔牙，进管仲于齐桓，其后世为齐卿。鲍城见《三齐记》，山因城名。”这是以上两本书中对鲍城的记载，由此推断鲍城应存在于距今 2700 余年前的春秋时期，且在鲍山周围不远处。

鲍城的具体位置有可能在以下几个地方。2003 年前后，山东大学组织考古队在鲍山东麓济钢新村一带，发掘出商周时期（包含春秋时期）遗迹，怀疑鲍城是否在于此。

因当地人传说的鲍叔牙与管仲的“分金桥”位于王舍人庄西，鲍叔牙阅兵台在殷陈庄，故王舍人庄一度被认为是鲍城的所在地。但经近些年考古勘探，挖掘出的遗存基本都属于唐宋时期，目前未发现大规模春秋时期的东西。

2008 年，全国第三次文物普查期间，在鲍山西麓新发现殷陈遗址，有商代遗存；在鲍山南坡，也就是济钢加气站北墙外崖壁上，发现了汉代的墓葬，当时普查队推测此处可能有鲍城的城墙或建筑遗址，但因时间仓促，未做细致调查，此处存疑。

2018年，龙脊河维修拓宽施工，从王舍人庄东南到工业北路段河道干涸，扩宽河崖时，崖壁断面暴露出来，两侧崖壁离河底2米高处出现大量陶片，推断属战国时期。龙脊河处在鲍山以西，王舍人庄以东，据此，鲍城位于王舍人庄暂无考古支撑。

后来，鲍山南侧菜鸟工程落地后，想着之前文物普查时的推断，鲍城位于山之阳的可能性较大，历城文物部门就准备在菜鸟工程施工的同时进行考古勘探，但因诸多原因未能进行勘探。

也是2018年，我在侯家村公墓南侧发现有一条笔直的土堆，高出耕地1米多，当时残存的长度大概有100米，土堆里夹杂有土、鹅卵石、浆骨石等。问侯家村民这些是怎么形成的，他们也不知道，据记载侯家的老一辈于明朝时期迁居至侯家时就存在了，得有1000多米长，因为形状像一条盘着的龙，当地人都叫它“盘龙岗”。当时我怀疑这有可能是鲍城的城墙残存。

另外，胥家村老人传说鲍城是个石头城，位于鲍山北坡，我去到北坡查看过，是有石头垒砌的痕迹，但都是“农业学大寨”时期堆的梯田，不可能是鲍城遗址。

2020年3月，山东省文物考古研究院在梁王三村北部进行济莱高铁施工前的考古发掘，考古队董文斌领队联系到我，让我带他们到可能是鲍城的地方一一探查，于是领他们前往鲍山北坡、南坡、西坡殷陈遗址、侯家“盘龙岗”，经探查后都被排除了。鲍山东北方向的梁王庄传说有梁王城，梁王三村地名有城子下，怀疑是鲍城。古籍中记载都说鲍城在鲍山下，梁王庄距鲍山有三千米左右，与“鲍山下”位置不符。此次考古发掘中发现了战国晚期的古城，但发掘的东西基本都属战国时期，与春秋时代也不符。基本排除鲍城位于梁王的可能。

目前，关于鲍城的具体位置仍然没有定论，但根据古籍中的记载和考古人士猜测，鲍城位于殷陈周边的概率较大。

## 鲍氏祭祖

**口述人：**刘汝振，男，1983年出生，山东济南人，参与编著《鲍山消失的村落》《梁王记忆》《鲍山文韵》等书刊。

**记录人：**姜　晶

在我的印象中，曾有过两次大型的鲍氏祭祖活动。

一次是在2011年，因2012年是鲍叔牙诞辰2740周年，鲍氏家族提前一年，于2011年清明节，举行了“纪念鲍叔牙诞辰2740周年”祭祖活动。济南市人民政府、历城区人民政府，鲍山街道办事处和济南钢铁集团给予大力支持并派出代表参加了纪念活动。鲍氏宗亲代表从全国各地，甚至从美国赶来参加纪念活动。他们中有的是八十多岁老人，也有随父母前来的两三岁幼儿。

2011年清明节这天，晴空万里，艳阳高照。鲍山彩旗飞舞，歌声飘动。玉兰花，桃花、梨花竞相开放，春风里充满着沁人肺腑的花香。鲍家虎先生绘制的鲍叔牙巨幅彩色画像，矗立在鲍山牌楼前面，看上去十分威武而慈祥，使人想起他当年征战沙场的英姿和让贤荐贤的崇高美德，令人崇拜和敬畏。

上午9时，鲍氏宗亲代表和嘉宾300余人，在鲍叔牙像前，召开纪念鲍叔牙诞辰2740周年大会。大会开始，24门礼炮齐鸣，锣鼓喧天，鲍山成了欢乐的海洋。接着，部分鲍氏宗亲，政府、单位代表讲话。他们高度赞扬鲍叔牙的丰功伟绩和高尚的品德，使大家受到深刻的教育。鲍氏宗亲为了感谢政府和单位对鲍山的建设和保护，以及对鲍叔牙精神的不断宣传，在大会上分别给济南市旅游局、历城区人民政府、鲍山办事处、鲍山派出所和济南钢铁集团赠送了锦旗。

纪念大会结束后，鲍氏宗亲集合在鲍叔牙墓前，举行隆重的祭祖仪式。首先，由主祭人敬香、敬酒、敬果，行跪拜礼。接着，来自海外和各省的宗亲代表敬献花篮，宣读祭文，然后宗亲们绕祖墓一周，照相留念。

鲍氏家族第二次举行大型祭祖活动是在 2017 年，全国鲍氏宗亲 300 余人齐聚鲍山举行祭祖活动，20 多位专家、学者参加纪念活动及齐文化研讨会。

祭祖典礼按照古代太牢祭形式进行，隆重肃穆，神圣庄严，鸣长号 9 响，颂鲍叔牙识才荐贤不妒、谦逊爱国忠君大美之德；献三牲、献五谷、献珍果、献鲍家酒。诵读祭文。鲍山文体中心民乐团演奏《彩云追月》，献舞《江南梦》。典礼结束后，鲍氏宗亲在仪仗队引领下到鲍山公园合影留念。

这次活动受到全国各地与会嘉宾、鲍氏宗亲、观礼市民的高度好评，市民们说：如此隆重的祭祖典礼在济南尚属首次，先贤精神发扬光大。

# 鲍山、鲍叔牙墓与殷陈

口述人：何光才，男，1935 年 2 月出生，殷陈庄村人；

李树平，男，1948 年 1 月出生，殷陈庄村人；

李洪生，男，1943 年 2 月出生，籍贯菏泽市牡丹区李集村，1952 年迁入陈家庄（现殷陈庄村）。

记录人：姜　晶

殷陈庄村位于鲍山西麓的山脚下，鲍山周围原来都是殷陈的土地，原来山北头是陈起荷家的地、山西坡是武光林家的地。李洪生说："1952 年我来陈家庄落户，就住在武光林家，我曾帮助武光林家在这块地里干过活。"李树平说："鲍山东的山坡滩子都是陈家庄的，下坡地大部分是陈家庄的，鲍山南的大片土地都是殷陈的。有关鲍山的传说也与陈家庄有关。"

鲍山因鲍城和鲍叔牙而得名，殷陈庄村属鲍叔牙的"食邑"。李树平说："1985 年修建胶济铁路立交桥时，出土了春秋战国时的'刀币'，可能与鲍叔牙有关。"

鲍叔牙墓在鲍山东北的山脚下。何光才说："解放后土地改革时，我家分得的土地就在鲍叔牙墓的南面，再往南是王好镇家的，也就是现在的济钢体育馆的位置。"李树平说："我小时候去鲍山北头放羊，在光石梁的地方有一大碑，碑高约2.5米，碑已歪倒，有碑帽，据说是原来鲍叔牙的墓碑，位置就在济南钢铁厂建厂后修的大水池子东边。”李洪生说：“在鲍山东侧中间的半山腰处有一个高大的石碑，碑高3米多，正面朝鲍叔牙墓的方向，但不记得是否与鲍叔牙墓有关。”

# 白雪楼与殷陈

**口述人：**谢吉贞，男，1943 年 12 月出生，殷陈庄村人。

**记录人：**姜　晶

听村里老人说鲍山南头很久以前有座“白雪楼”，长大后往来经过此处时，见一块石碑立在道北边，石碑的北边有建筑遗迹，才知道这里是“白雪楼”的遗址。近几年，查阅了许多历史资料，走访过更年长的老人，弄清了“白雪楼”的来龙去脉。“白雪楼”是明朝“后七子”之一的李攀龙所建。那时的鲍山山清水秀、万木参天、浮岚滴翠、山花烂漫，鲍山南头有淄博通往济南的老官道，交通便利。李攀龙选择在这里建“白雪楼”是看准了这块宝地。

虽然间隔了四五百年，早已人去楼塌，但陈家庄的人认为有这样一位名士生活在此处并建有“白雪楼”，是非常值得怀念的，于是就在“白雪楼”遗址的道旁立了一块卧碑来纪念李攀龙，碑是用将山的石料做成的，高约 1.5 米，长约 2 米，碑座上有槽，碑体装在槽里，很牢固。陈家庄人在附近干农活休憩时，习惯围坐在碑座上。遗憾的是这块碑在“文化大革命”初期被当作“四旧”砸烂了。至于碑文的具体内容，现存世的老人已不记得了。

# 媒体报道

## 大破满足现状、固步自封的保守思想

最近，历城县东郊公社殷陈大队的干部、社员连续开展了“工人阶级跨骏马，咱们怎么办？”“兄弟单位上去了，咱队怎么办？”“群众起来了，领导怎么办？”的大讨论，大破了满足现状、固步自封的保守思想，促进了人的思想革命化，全队出现了热气腾腾的革命、生产新高潮。

这个大队曾经是全社的先进单位，已打机井十眼，整地两千亩，粮食亩产量跨过了《全国农业发展纲要》规定的指标，每年能向国家贡献三十多万斤粮食。但是近两年来周围一些大队赶到他们头里去了，苏家大队原来比他们队落后，去年粮食亩产闯过了千斤大关。在这种情况下，有些干部和社员还总以为自己不错，人家的粮食产量闯过了千斤大关是因为条件好。因而思想上满足现状，行动上劲头不足。

“怎样对人类做出较大的贡献？”这个问题首先在大队党组织和革委会引起了议论，开始察觉到满足现状、固步自封的保守思想，是继续前进的挡头，而这种保守思想的产生，主要是因为只看到自己的小天地，只想到生产比过去提高了。于是，提出了“工人阶级跨骏马，咱们怎么办？”“兄弟单位上去了，咱队怎么办？”等问题，组织群众进行了讨论。

这个大队靠近一些工厂，工人群众为伟大领袖毛主席争光，为社会主义祖国争光，闹革新，争上游的捷报不断传来，使社员群众受到鼓舞。“工人阶级跨骏马，咱们怎么办？”问题一提出，立即展开了讨论。从工业战线的跃进形势谈到全国的跃进形势，谈到全世界的大好形势。大家拿工业比农业，看全国比自己，都觉得落后了，没有跟上飞速发展的新形势。许多社员说：“工业战线热气腾腾，一日千里，我们大队不能光看到自己不错了，还像老牛拉破车，慢慢腾腾地向前走。咱要胸怀全局，跟上形势，要不，就没法对人类做出较大贡献。”在讨论中，社员们还到附近工厂进行了参观访问。通过讨论，大家解放了思想，提高了觉悟、认识到和工人阶级比，千差距，万差距，是思想上的差距。工业跃上去了，就是因为工人阶级心中有革命的大目标，身在机器旁，放眼全世界，心里装着全人类，自觉地把本职工作和世界革命联系起来。他们敢于革命，彻底革命。因而不断创出新成绩。纷纷表示，一定要向工人老大哥学习、活学活用毛泽东思想，大破“一口观”，大立“全球观”，为革命种田，以革命精神种田。跟上全国的跃进形势。

“兄弟单位上去了，咱队怎么办？”在讨论这个问题时，大家认真学习了《大众日报》刊登的苏家大队和赵仙大队的对比报道，联系本队情况，讨论了人家苏家大队亩产达千斤是不是就是条件好？经过讨论，大家一致认为，苏家大队所以上去了，主要不是人家的条件好，主要是人家为革命种田的觉悟高，干劲大，咱队所以落后，也主要不是条件孬，而是背上了成绩包袱，产生了“生产到顶”“潜力挖尽”的思想，因而满足现状，停止不前。这个矛盾一揭开，大家说：这个满足现状、固步自封的“包袱”，拖了咱们几年腿，这回要彻底把它扔掉。社员还进一步分析了保守思想的根源，他们说："人家苏家大队种田为了三十亿，想到这个大'需要'，产量再高也不觉得到顶，所以不断夺取高产；咱们有些人产生了'生产到顶'的思想，就是因为'一队观''一口观'，种田只为了吃喝穿。今后咱要坚决按照毛主席的教导办，胸怀全人类，生产就永远不'到顶'。"贫农社员李善茂还举例说："人听毛主席的话，地听人的话。俺一队那三十亩沟子地，亩产达到一千四百多斤，别的地为什么才亩产六七百斤？增产潜力大着哩！"大家一边讨论，一边学习毛主席"中国应当对于人类有较大的贡献"和"有所发现、有所发明、有所创造、有所前进"等有关教导，决心把"成绩"作为起点，夺取更高产。有的提出要马上着手大办水利，改变百分之三十的山坡旱田为水田；有的提出"要大养其猪，达到一人一头猪"；有的提出"有大搞科学种田"，人人献策献计，誓为人类做出较大贡献。

这时，第三个问题又自然地提出来了，"群众行动起来了，领导怎么办？"大队党组织和革委会引导干部认真地讨论了这个问题。大家首先学习了毛主席关于无产阶级专政下继续革命的理论，分析了群众的意见和要求，认识到前一阶段所以步子慢，根本在人头，关键在头头，今后要想跃上去，为人类做出较大贡献，关键在于领导当好革命的"火车头"。因而自觉地联系思想实际，批判了右倾保守思想。原来存有保守思想的大队革委会主任王好镇说："我过去总是满足于社员够吃够穿，满足于对国家做出的一点贡献，思想落后于形势，落后于群众，缺乏继续革命争做更大更显得革命劲头，这是忘记了共产党员是为了全人类的解放。今后决心当好继续革命的

‘火车头’，把咱队带出个大跃进来。”六十一岁的老生产队长韩家祥，原来“撂挑子”的思想，通过讨论，他说：“社员都热火朝天朝气蓬勃争跃进，咱当干部的只能在前头带，不能在后边拉，我决心继续革命不歇脚。”党员、干部通过讨论一致提出做到四带头：带头学习宣传毛泽东思想，带头搞阶级斗争，带头走社会主义道路，带头做战天斗地的闯将。

“群众中蕴藏了一种极大的社会主义的积极性。”这个大队通过“三个怎么办”的大讨论，迅速掀起了争上游，夺高产的热潮，大家干着地里活，想到天下事，誓为人类做出较大贡献。在秋田管理上狠加了增产措施，目前秋季作物长势好于历史上任何一年。同时大抓了养猪积肥和大沤绿肥。养猪发展到六百头，比今年春季增加了三倍，已经为秋种每亩地备足了一万五千斤土肥。水利建设也安排妥当，已新打成一眼机井，计划今冬使百分之八十的土地实现水利化。

《大众日报》1970年8月22日

作者：李明仁

## 殷陈庄村读报用报搞得好

**全村订各类报刊400余份，从中学到许多两个文明建设的好经验**

省级文明村——济南市历城区王舍人镇殷陈庄村，多年来坚持开展群众性读报用报活动，促进了物质文明和精神文明建设。

殷陈庄村从70年代开始，就注重开展群众性读报用报活动。近年来，在发展社会主义市场经济的新形势下，更加注重引导干部群众读报用报，发挥报纸在促进两个文明建设中的作用。该村干部群众每年订阅各类报刊20余种、400多份，平均60%以上的户订有报刊。每月旬初晚上，全村党员、干部和各部门负责人，集中学习讨论报纸刊登的有关党的政策、信息和各地的先进经验，结合本村的实际，研究拓宽发展经济的新思路和新举措。1990年6月21日，《大众日报》刊登了青州市乡镇企业和大专院校联姻，大力开发新产品，促进乡镇企业发展的典型报道，使该村干部群众受到很大启发，他们积极与山东大学光学系联合，共同研制开发出具有国内先进水平的激光焊接机，填补了国内空白。近三年，该村利用报纸提供的知识和信息，先后新上16处村办企业，开发20多种新产品。1993年全村工业产值达1830万元，比1990年增长4.4倍。

该村还运用报纸提供的先进典型经验，积极兴办第三产业。1990年10月5日《大众日报》刊登了曲阜市曲阜镇兴办第三产业的报道，该村学习后，利用地处济南近郊工业区、交通方便、客流量大的优势，发展饮食、服务、商业、加工、运输等第三产业200余处。1993年实现产值2786万元，比1990年增长4.2倍。

学用报纸促进精神文明建设也取得可喜的成就。该村先后被评为省级文明村，党支部被评为市级先进党支部。

《大众日报》1994年2月20日

记者：李明仁　通讯员：赵希颖

## 鲍山寻古

济南市为古城，名胜古迹很多，“鲍山白雪”是历下十六景之一。鲍山在济南城东30里许，王舍人镇东南。相传，昔日附近有一座古城，名叫“鲍城”，是春秋时代齐国大夫鲍叔牙的食邑，山因城得名。鲍叔牙是齐襄公的庶弟公子小白的师傅，年轻时曾同管仲一起经商，常常照顾管仲，赚的钱总是多分给他。管仲后来做了齐襄公另一个弟公子纠的老师。齐襄公荒淫暴虐，政令无常，小白和公子纠都出逃在外。后来齐国发生内乱，齐襄公被杀，小白和公子纠回国争位，公子纠失败被杀，管仲也被囚禁。小白当了国君，就是齐桓公，他打算让鲍叔牙执掌国政，鲍叔牙拥功不恃，拱手让贤，推荐了管仲。管仲执政以后，厉行改革，果然使齐国迅速富强起来，齐桓公当了春秋时的第一位霸主。管仲曾感慨地说：“生我者父母，知我者鲍子也！”故后世言人知交友情，必称“管鲍”。据载，管仲与鲍叔牙分金处和鲍叔牙的墓都在鲍山附近，鲍氏在齐国世袭卿位，直到战国初期被田氏攻灭，子孙出逃别国。

昔日鲍山十分美丽，山清水秀，万木齐天，浮岚滴翠，山花烂漫，果树满坡，樵唱牧歌互应，黄莺山雀有鸣。山之南为莲花峪，石岩苔碧，涧幽水清，日夜潺流。文学史上颇有名气的“后七子”之一明朝人李攀龙（字于鳞）于嘉靖三十五年辞官归回，在山前林中建白雪楼，以寓自身清高，不同俗流。这楼甚高，巍峨壮观，于上可观览四周之景色。南可望泰山云雨，西可眺“华不注”诸峰，大、小清河蜿蜒东流。东看“长白”“平陵”之野，秋林松风，似卷绡绫，海色莹莹，如丹青花意。故有“鲍山白雪”一景，历代常为文人墨客所赞咏。只因离济南城中较远，除附近居民外，不为一般人所熟知。宋朝文学家曾巩在济南做官多年，想必也没有亲自登临，只在《登华不注望鲍山》诗中曰:“云中一点鲍山青，东望能令两眼明。若道人心是矛戟，心中那得叔牙城。”

笔者从青年时期就客居济南，也未闻济南有座鲍山。阅历多时才看到书报偶有介绍。这老祖宗的所在地，哪有不去拜访之理。今年清明时节，风和日丽，我蹬着自行车顺着宽阔的工业南路向东急驰，经过高科技开发新区，10 多里路就看见了一座小山，不高，约海拔 170 米。问路人，知此山就称鲍山，当地称“鲍山坡”。从山脚至山顶建有环山路，山坡有新砌石梯可通围着山腰新建的四五座民族形式红柱琉璃瓦凉亭，有的亭内彩绘有鲍叔牙和济南名士的故事，任人休憩览阅。据说鲍山已被济南钢铁公司购下使用权，山周围正在建筑城垛式的围墙，山内建立绿化公司，负责此山的绿化和保护，美观的亭子是去年济钢各分公司分工负责建成的。鲍山已变成济钢和周围许多大厂职工及农民休憩的乐园。站在山顶俯瞰四周，白雪楼当然早已不见了，已被北面济钢高炉群和煤气柜以及东面生活区职工宿舍楼、体育馆等高大建筑物所代替，经人指点，鲍叔牙的墓就在东边宿舍楼的后面，原有墓碑是东海道人立的，后来不知去向。分金桥为石砌拱桥，在北面王舍人镇第十八中学西北角，修公路填土时埋入地下 3 米处。鲍叔牙的墓在济钢职工生活区内修路时劈去一半，只剩下半边土丘。唯有夹住土丘额两条道分别名为“叔牙南街”和“叔牙北街”还依稀表示对历史名人的尊重。啊！鲍山，你既苍老而又年轻，我到过许多名胜古迹，没有哪一个风景点能像你一样将古老历史与现代文明鲜明地如盆景般浓缩在一起。

《齐鲁晚报》1996 年 5 月 23 日

作者：鲍家虎

# 饱汉深知饿汉饥 乡亲有难心里急
# 李际汉十年帮助三十余户农民建起新房

鲍山脚下的济南市历城区王舍人镇殷陈庄村出了一个李际汉，他致富不忘众乡亲，先后资助30余户农民建起新房。

李际汉出生在殷陈庄村一个普通的农民家庭。他中学毕业回乡种过地，上山打过石头，吃了不少苦，但没有摆脱贫困。当时家里穷，为给父亲看病，他跑遍大半个村都借不到几元钱。为此，他发誓要拔掉穷根发家致富，将来有了钱，一定资助有困难的乡亲，让大伙都过上好日子。近几年，李际汉利用本地资源，联合乡亲们兴建起王舍人镇合作花砖厂。经过十多年奋力拼搏，成了济南市叫得响的致富能手。

李际汉走上富裕之路后，始终没有忘记众乡亲，乡亲们谁家有了困难，他都尽力相助。殷陈庄村地处济南市东郊工业区，因城市和厂企占地，村里农民住房要重新规划。有许多拆迁建新房的农民，因缺乏资金向李际汉借款，少则千把元，多则上万元，他都想方设法帮助解决，且都是无息出借。有时他手头紧资金不够，宁肯自己借来钱再借给乡亲们，也决不让他们失望。青年农民王洪利，因厂企占地，按村里规划，需要建新房。由于他家底子薄，要钱没钱，要料没料。李际汉不仅为王洪利筹集了建房资金，而且帮他买砖瓦购物料，联系施工队，安排施工，直到建起新房。

十多年来，李际汉先后无息借出30多万元资金，帮助30余户乡亲们建起新房。而至今，他全家依然住在原来的旧房里。有些人以为他富得流油。实际上，至今李际汉还欠着20多万元的集资和贷款。当有人问他为什么要这样做时，他说，我致富多亏了政府的好政策和乡亲们支持，为乡亲们出把力，我心里高兴。

《大众日报》1996年7月15日

作者：赵希颖

昨日，历城区王舍人镇殷陈庄村庄户剧团的老演员们敲起锣鼓，拉起胡琴，亮开嗓子，满腔热情地向村民宣传“三个代表”的重要思想，积极做先进文化的传播者。

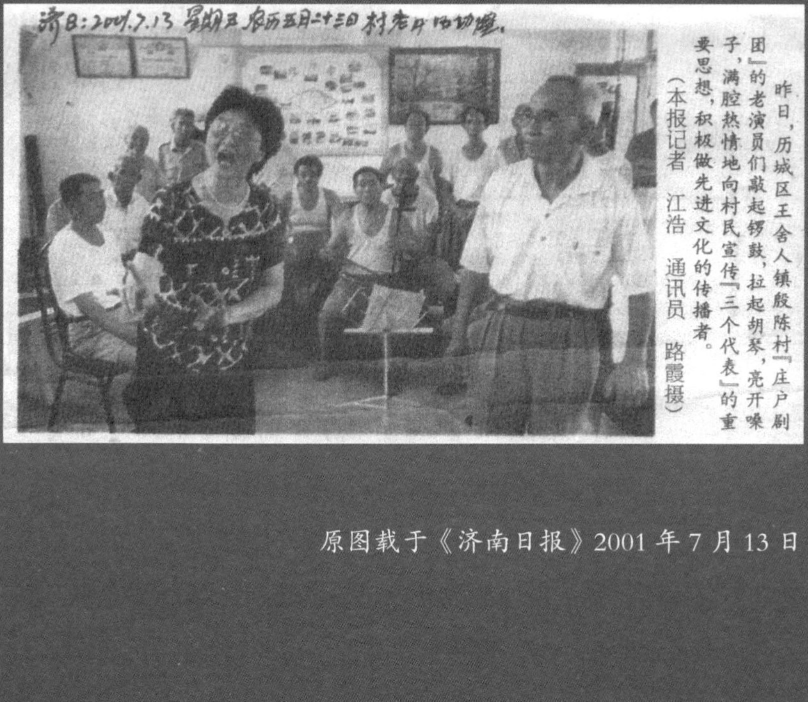
济日：2001.7.13 星期五 农历五月二十三日 村老年活动室.

昨日，历城区王舍人镇殷陈村『庄户剧团』的老演员们敲起锣鼓，拉起胡琴，亮开嗓子，满腔热情地向村民宣传『三个代表』的重要思想，积极做先进文化的传播者。

（本报记者 江浩 通讯员 路霞摄）

原图载于《济南日报》2001年7月13日

## 鲍山街道殷陈庄村强化监督<br>依法治村有效维护社会和谐稳定

鲍山街道殷陈庄村位于工业南路、工业北路交叉口，南邻济南炼油厂，北接济钢，总人口3600余人。地处近郊，人多村大，村民思想非常活跃。当前殷陈庄村正进行城中村改造，居民小区主体已完工。下一步，村里面临村集体成员界定、分房、回迁、其他地块拆迁及今后小区物业管理等巨量繁多复杂的工作。牵一发而动全身，事无巨细皆关系到村民的切身利益，一个细节处理不好可能带来相当一部分群众的不满，任务重、压力大。要形成一股正气、凝聚全村力量，做好各项工作，维护群众利益，达到群众满意，必须走民主管理，依法治村的路子。

### 一、火车跑得快，全靠车头带，打造强有力的村两委班子

殷陈庄村地理位置优越、人多村大，村里卧虎藏龙，群众思想活跃。领导好了，村里将实现跨越式发展，村民将是最大的受益者。领导不好，村里乱成一锅粥，耽误了发展，村民是最大的受害者。因此这个村不但需要一个班子，而且班子必须坚强有力。去年换届前，村里进行了大量走访，召开了多次会议，从大局、从发展的角度统一党员群众思想。村民们心里清亮着呢，谁是干事儿的料，谁能带着全村往前发展，就认准谁！为了工作的连续性，为了不影响

发展，村民们都把票投给了原班子，两委班子连选连任。两委班子选出后，进行了明确的分工，事事有人抓有人干，而且要干好！两委干部要定期就自己所分管的工作向全体党员、村民小组长述职。

二、联户推荐，任职承诺，推选高素质的村民代表队伍

在3600多人口的大村，落实民主管理，村民行使权利，村民代表的作用非常关键。为了让村民选出自己认可的代表，选出的代表真正代表村民说话，殷陈庄村采取联户推荐、任职承诺的办法。每10户村民联名推荐一名村民代表，推选出的代表要向这10户村民做出任职承诺，确保行使好村民赋予的权利，真正代表村民开展工作。村民代表产生后，为确保村民代表合理合法开展工作，村里对其进行了以《村民组织法》，党和国家关于农村法律、法规、政策为主要内容的培训，提高他们的业务素质。

三、公平、公正，依法按程序产生监督委员会

无规矩不成方圆，不依法无以治村，但是怎样将“依法治村”落到实处呢，谁来保证“村干部”依法做事不“任性”呢？村干部手中的“权力”不能失去监督。监督委员会必须切实负起责任来，监督委员会的监督权必须落实到位。如何合理、合法、民主地产生“接地气儿、能干事儿”的监督委员会成为老百姓最关心的事，也是能否坚持依法治村的前提和保障。

村里组织人员在广泛走访，了解民意、征求意见的基础上，依照《村民组织法》，结合村民意愿，拟定了监督委员会选举办法草

稿。经村民小组、广大党员、村民代表反复讨论和修改，最后在党员和村民代表会议上通过了《殷陈庄村村务监督委员会选举办法》。选举办法对监委会成员应具备的条件、职责、权利和义务以及委员产生办法做出了明确规定。具备选举条件，又热心村内事务的村民均可报名参加选举。村里将选举办法在全村范围内广泛张贴，广大村民踊跃参与，报名者100余人。通过初选，确定15名正式竞选者通过在党员、村民代表大会上竞职演讲和任期承诺，通过现场客观、公正的评分进行了第一轮的综合素质测评；接着现场抽题进行法律、法规等村级管理相关业务知识笔试。根据两项测试现场得分，按应试者得分高低选出7名正式候选人。通过村民代表和党员会议表决通过，形成了以纪检委委员为主任，7名考选者为成员的殷陈庄村监委会班子。

监委会要认真学习法律、法规，客观公正开展监督工作，向村民代表会议负责，接受村民和村民代表的监督。

四、三驾马车、互相监督，齐心协力拉动全村经济、社会全面发展

这样，殷陈庄村，通过公平、公正、合法的程序，选出了村两委、村民代表、监督委员会三套班子。村两委负责全村经济社会文化发展各项工作，接受党员、村民、村民代表、监督委员会的多重监督；村民代表代表村民行使权利，接受村民监督，向村民负责；监督委员会监督村两委工作，向村民和村民代表负责。三套班子形成了责、权、利相结合，双向、多向立体监督体系，确保了村民对

村集体工作的知情权、参与权和监督权，为依法治村，按程序开展工作提供了制度保障，促进了村集体事业良性健康发展。殷陈庄村正在向风清气正、和谐稳定、宜居乐业的“法治”环境迈进。

济南大众网 2017 年 10 月 23 日

## 游鲍山

这次游鲍山，缘于一则典故。那还是在游金门时，题刻在太武山上的“勿忘在莒”四个大字引起了我的兴趣。这则典故出自《吕氏春秋·直谏》，发生在齐国，没想到两千多年以后，却被蒋介石引用在了几千千米以外的金门岛，用以鼓舞斗志。齐国故都里的主人公鲍叔牙在临沂“公干”，“食邑”却分封在现在的济南东郊王舍人镇一带，至今这里还有以其食邑鲍城命名的鲍山。当时我人还在金门，就想，鲍山距我居住的小区不远，回去一定去鲍山游览一番。

我们在鲍山那边的山脚下上山。这里立有一座两层高的牌楼，宽、高各十多米，长数十米。沿广场北侧十九层台上行，只见牌楼飞檐斗拱，雕梁画栋，气势巍峨。一层正中悬挂匾额，上书“鲍山胜境”四个烫金大字，书法颇具秦汉风骨。明朝嘉靖年间，文坛“后七子”领袖、济南人李攀龙辞官归乡，因仰慕鲍叔牙的高尚品德，便在鲍山脚下筑楼隐居，楼名取“白雪”，意寓“阳春白雪”之意，表明不同流俗、追求高远的心境。时人称白雪楼为“鲍山白雪”，与“锦屏曜日”“玉鼎翻云”“明湖泛舟”等同为历下十六景。星移斗转、白雪楼已杳无踪迹。

从这里上山，抬头仰望，满山绿荫，郁郁葱葱。沿林中小路上行，路两边全是茂密的柏树、松树、黄栌、黄荆，还有一些不知名的灌木野花。高大的柏树、松树树干笔直挺拔，树荫下的黄栌、黄荆枝条虬曲龙盘。整条小路在树木的遮荫下看不到多少阳光，苔滑路湿。而树林里不时传出的一两声鸟鸣，则更显得林深径幽。清朝道光历城诗人李僩来这里游览，作《游鲍山》一诗，诗云："深林藏白日，群嶂缩青天。夺路泉争捷，行空鸟让先。"大概描写的就是现在我们看到的这种情景。

一路上没看到"夺路泉争捷"，但走到半山腰，却有一面积不大的湖泊。湖泊四周树木环绕，湖水中衬映着蓝天白云。湖畔没有游人，只有几只苍鹭站立在湖中，或觅食或嬉戏。我们没有近距离打扰，只是拿出相机拍摄了几张照片，然后就站在远处，看这些白色的精灵玩耍嬉戏。

这是一处人工湖，入口处标牌上写"同心湖"三字，应是取"兄弟同心，其利断金"之意。当年，鲍叔牙与管仲合伙做生意，分红时，管仲总是多拿一些。对此，鲍叔牙家人愤愤不平。鲍叔牙却不在意，常对家人说：管仲家穷，又有老母侍奉，多分一点是应该的，这也是我有意为之。这便是典故"管鲍分金"的来历，它出自《史记·管晏列传》。从这典故，我们看到了鲍叔牙的高尚人格；从这湖名，我们看到了今人对鲍叔牙高尚人格的赞美。

继续往上走，山路愈加陡峭，不多时便都气喘吁吁，我们想找一平坦处歇息。抬头上望，不远处有一山亭，我们不由得加快了脚步。

来到山亭，山风送爽，凉意习习。目光远近游览一番后，便落在了亭子上方"荐贤亭"三个大字上。"荐贤"是指鲍叔牙举荐管仲出任齐国丞相一事。当时，齐襄公乱政，鲍叔牙随公子白逃奔莒国，管仲随公子纠逃奔鲁国。齐襄公被杀，公子纠和公子白争夺君位，公子白得胜即位。公子白即齐桓公，齐桓公囚禁帮公子纠和自己争夺权位的管仲，力挺齐桓公的鲍叔牙深知管仲的治国之能，不顾众臣反对，竭力举荐管仲替代自己出任齐相之职，自己则甘居管仲之下。齐国在管仲的治理下，“九合诸侯，一匡天下”，进而成为春秋五霸之首。鲍叔牙的一个荐贤之举，成就了君王，成就了国家，成就了朋友，也成就了自己。我刚讲完这个故事，同行的朋友随口说出：这就是成语“管鲍之交”啊！

来到山顶，远眺西北方向的鹊山、华山，不觉随口咏出曾巩《登华不注望鲍山》诗：“云中一点鲍山青，东望能令两眼明。若道人心是矛戟，山中那得叔牙城？”我想，且不说曾巩写此诗时的心境如何，但有一点可以肯定的是，鲍叔牙无畏的担当，宽广的胸怀，高尚的人格，诗人将其视为自己的前行明灯，所以当诗人站到华不注山的最高点时，刚看到那“云中一点鲍山青”。便不由得感叹“东望能令两眼明”。

清人郝植恭把鲍山归为“齐烟九点”之列（见郝植恭《游匡山记》）。在“九点”诸多山峰中，论险峻，鲍山不及华山；论陡峭，鲍山不及鹊山；论玲珑，鲍山不及粟山；论秀美，鲍山不及匡山。但若论人文，论典故，鲍山绝不在诸山之下。“山不在高，有仙则名。”鲍山不高，也无仙，但有一个人。鲍叔牙以其高尚的人格魅力昭示后人，这也使得小小的鲍山名胜绝响！

《齐鲁晚报》2018 年 8 月 27 日

# 鲍山街道殷陈小区居民欢聚一堂 共度首届“朴里节”

中秋佳节来临之际，鲍山街道殷陈社区联合济南万科物业举行首届“朴里节”，邀请社区居民欢聚一堂、共度中秋佳节。

这是殷陈庄村旧村改造居民回迁后举行的第一次大型文艺活动。“朴里节”是由国内知名房企万科集团所创设的社区节庆文化品牌，旨在“打造质朴友善的邻里关系，倡导文明礼让的社区生活”。回迁后的居民们内心充满喜悦，男女老幼欢聚一堂，载歌载舞，由居民们和万科物业工作人员共同精心准备的文艺节目让这里成为欢乐的海洋、烘托出浓浓的节日氛围。

今年三月份，居民回迁后，殷陈庄村两委引入济南万科物业对小区进行管理，崭新的居住环境、细致周到管理方式让居民们体会到前所未有的舒适感和幸福感。

搜狐网 2018 年 9 月 30 日

## 殷陈庄村党支部与物业支部联合筑起疫情防控网

面对新型冠状病毒疫情的严重形势，殷陈庄村支部主动作为，成立党员志愿服务队和消杀防疫队，小区的万科物业为了协助村支部做好防疫工作，成立了万科临时党支部，两个党支部联合行动，创新工作方法，共同为4000名村民筑起疫情防控网。小区各处醒目的地方悬挂宣传横幅、张贴疫情管控措施及相关法律通告，给你带来视觉冲击；利用广播循环播放疫情防控措施，给你带来听觉冲击。小区业主通过通行证的方式可以进入小区，而在统一实施通行证出入之前，该小区就已经自主为小区车辆发放了车辆通行证，小区外面设有信息登记处，做好人员外出信息统计。为了不将病毒带进小区，工作人员在车辆入口和人员入口分别铺上红地毯，定时向红地毯上喷洒消毒液，让业主干干净净回家。消毒雾炮车定时对小区及沿街超市门口进行喷洒消毒。小区实行无接触式收取快递。小区实行网格化管理，明确责任，落实分工，全员行动，扎实做好疫情防控。

《齐鲁晚报·齐鲁壹点》2020年2月13日

# 鲍山街道殷陈党群服务中心开始投入工作啦

2020年7月1日上午9时，在庆祝建党99周年之际，鲍山街道殷陈党群服务中心在殷陈社区谢呈波书记的带领下，在村两委成员及先锋党员的见证下，党支部副书记李大林宣布“鲍山街道殷陈党群服务中心正式揭幕开始投入工作”。

殷陈党群服务中心成立，具有重要的前瞻性、示范性和引领性。当今数字化社会，殷陈党群服务中心的建设是为了满足辖区群众对幸福生活更高追求和为早日实现吕涛书记打造“先锋历城”党建品牌，不忘初心、践行使命的目标要求。

殷陈党群服务中心将以党建为引领、专业团队及单位为支撑、社会组织为抓手、技术平台为依托，整合政府、高校、企业、社会组织、媒体等各方资源，推动社区工作与中心建设，打通社区媒体融合的“最后一千米”、连接群众的“最后一千米”、基层治理的“最后一千米”，更好地满足辖区人民群众的文化、科技、平安、信息等需求，扩大主流价值对辖区居民的影响力，让党的声音传得更开、传得更广、传得更深入。

殷陈党群服务中心是为社区百姓服务的窗口，中心将积极地面向广大社区群众。在网络端，建立了方便百姓浏览的“殷陈小区网站”，实时更新党务、政务、村务及精彩殷陈居民生活。鲍山殷陈“幸福都是奋斗出来的”，“殷陈因为有你，所以精彩”。

最后在谢呈波书记的带领下，大家重温入党誓词，共同庆祝中国共产党成立99周年。

《齐鲁晚报·齐鲁壹点》2020年7月7日

# 附　录

# 鲍山风骨

刘汝振

济南老城东三十里的地方有一座鲍山，海拔 119 米，占地 0.3 平方千米。鲍山、鲍墓、鲍城，“三鲍”最为著名，省级文物保护单位——鲍叔牙墓即在山下，鲍城是齐大夫鲍叔牙的食邑。鲍山风光，春则百花争艳，夏则幽湖氤氲，秋则九色尽染，冬则玉屑锁寂。它的美曾入选“历下十六景”和“齐烟九点”，也曾被众多文人所品评，唐宋八大家之一的曾巩写诗说：“云中一点鲍山青，东望能令两眼明。若道人心是矛戟，山前那得叔牙城”。山虽不高，却名誉海岱，成就它的是那几千年来的鲍山风骨。

南边泰麓的水流至此变得充盈平缓，滋养了丰茂的土地，上古先民在此定居，繁衍生息，成为东夷人的一部分，他们擅长处理和使用兽皮，还精于制作陶器。春秋时期、齐桓公称霸诸侯，鲍这个地方迎来了它的第一个主人——鲍叔牙。公元前 685 年，鲍叔牙谋划将管仲从鲁国遣回齐国，并极力推荐管仲为相，帮助齐桓公成就了霸业。齐桓公和管仲这对精英组合固然光鲜，但为之奠定基础的鲍叔牙荐贤举能之贡献更不容忽视。管仲在回顾一生时都不禁发出感叹：“生我者父母，知我者鲍子也。”“管鲍之交、荐贤举能、勿忘在莒……”这些永恒的鲍氏经典，让人感受到鲍叔牙海纳百川般的精神世界，并不断影响着后来人。

南北朝时期风云际会，北魏与刘宋不断在河水下游拉锯，元嘉八年，也就是431年，名将檀道济受命于败军之际，沿河水一路救援过来，大军行至鲍山北五里处的营城，被北魏军烧绝粮草围困。檀道济利用白泉产白沙的天然条件，巧施“唱筹量沙”的计策，使全师突围而退。一段战争史上的经典，在鲍山这里诞生，英雄的威名自此远播。

在济南市博物馆，悬挂展出着一幅“读书堂”拓片，这是大文豪苏东坡题张揆、张掞读书处的碑刻。张揆、张掞两兄弟好读善文，张揆精易理，张掞以孝称，均为北宋名吏。张氏两兄弟故居和读书处在鲍山西侧的王舍人庄，苏轼、苏辙、范纯仁、王临纷纷前来瞻仰读书处，凭吊张氏两兄弟，一时间，这里名士接踵、人文荟萃。

北宋短暂的安定之后，这里被金人所占。出生在鲍山南四里处的张荣组织人马抗金，逐步发展壮大控制了山东大部分地区，后与元军对峙。为使百姓免受元军涂炭，张荣纳地归降于成吉思汗。后来随元军攻下汴梁时，在他的极力劝谏下，上万余俘虏免遭屠杀。主政济南期间，张荣安民措施有力，当年中书考绩，天下第一。张荣死后追封济南忠襄王，一介武夫，但仍能读出他的仁义性格。

斗转星移，王朝更送，不变的是山，看着人间世事变化。明嘉靖三十五年，也就是公元1556年，在陕西辞职的李攀龙回到家乡鲍山，筑起了一座白雪楼。楼名取“阳春白雪，曲高和寡”之意，以寓自身清高、不同俗流。就在这高傲的楼上，李攀龙与殷士儋、许邦才、袭勖等志同道合的朋友，唱和着诗文，演绎着大东风雅。李攀龙被称为明代文学“后七子”领袖，他引领着当时诗歌的时尚，继“二安”之后，沧溟诗无疑在济南诗脉上留下了浓浓一笔。

白雪楼早已化作尘埃，但李攀龙风雅的影响还在。清光绪年间，在鲍山西麓又筑起一座“鲍西楼”，建造者是陈永修。他少年时师从著名的文献学家马国翰，在参加抵抗捻军的斗争失败后，回到鲍山乡里开办义塾，潜心教育与著作。清廷翰林院和山东巡抚衙门为褒奖他义塾教育的成绩，题赠了“太丘世范”和“明经”的匾额。陈永修的诗作颇丰，他是济南本土诗人，延续着济南诗脉的辉光。

近代以来，在鲍山，更是有众多仁人志士，传承精神，发扬情怀。周边村庄的乡贤信念坚定、众志成城，全力保护着鲍山和鲍叔牙墓封土不被破坏；“县治更新”寄予美好的期望，将历城县治所迁至鲍山脚下；李振唐、谢瀛震在鲍山东麓创办“鲍青文社”书院，名噪一时；“中共历城特别支部”，革命的星星之火在鲍山下的村庄里点燃；济钢人激昂青春，一担担土背上山，植树造林……“和气感而生孔子，正气至而有关公”。鲍山，钟灵毓秀，人杰地灵。历史一路走来，一个个有血有肉、鲜活的个体闪着光辉，这些文化经典和精神高地铸成了鲍山风骨，也成了鲍山的灵魂！

原文载《城市微旅》

# 明清鲍氏官宦凭吊鲍山鲍叔牙墓

鲍永臣

鲍象贤曾在山东东拜管墓（临淄管仲墓），南吊叔牙（滕县叔牙冢）是不是也去了鲍山呢？象贤公不仅去了历城鲍山，还在叔牙公墓重立了墓碑和牌坊，牌坊上为明贵州巡抚、户部尚书鲍道明公所书“齐卿鲍叔牙原封采地”，时为明嘉靖四十四（1565）年，由“钦差巡抚山东等处、户部右侍郎、都察院右佥都御史鲍象贤立”。又于明万历四十四年（1616）由“莱州府海防厅账荒同知冲修鲍孟英建碑亭”（鲍孟英系鲍象贤曾孙）。但到清康熙年间有分理山东滨乐盐务运同的鲍复昌去鲍山凭吊叔牙墓时却见：“距今百余岁，风摧雨蚀，柱朽碑扑。”当时复昌公“见者悯之……衍支派者能不殷然动修建之念乎”，遂又重建碑亭，历时三载，并由复昌公堂弟士铨公立《重建碑记》。这是据由太原鲍承先生提供的山东枣庄市夏镇《鲍氏宗谱》中的记载。

这部夏镇《鲍氏宗谱》的原谱，据夏镇前鲍楼鲍建忠先生介绍：始修于明代正统年间，修谱人鲍从善。建忠和鲍丕富两位先生还向我介绍：夏镇鲍氏古无谱，清初派人去歙县棠樾寻根，得此谱，并吻合迁夏镇始祖，即手抄此谱反籍，续修成夏镇谱。我有幸拜读了这部珍贵文物。该谱谱序系宋奉军节度使、兵部尚书范仲淹所题，还载有朱熹、王十朋、文天祥的跋。据承杲先生讲夏镇谱曾续修多次，直至解放后。这部始修于明的《鲍氏宗谱》，记载的世系是以禹王曾孙仲康之庶子贞公为一世祖，传至敬叔公为三十五世，再传至信州太守鲍泉公为六十四世，泉子鲍弘任新安太守，为新安一世，由新安一世下传至第四十三世鲍明经始迁夏镇。明经之长子鲍士铨的堂兄鲍复昌，即上述于清康熙四十年（1701）重修叔牙墓者。现将《重建碑记》录于后：

康熙四十年岁次辛巳孟春上浣之吉分理山东滨乐盐务运同鲍复昌重建碑记

按：余世家系出青齐，齐卿鲍叔牙乃余先世鼻祖也。《续齐乘》念当年丁齐襄之变，叔牙奉公子小白复国而创白业厥功，洵伟矣哉！食采历疆固其所也。第年远世湮，人往风徵，非建石孔道，则千载勋名其不与鲍山古墓共湮没于荒草荆榛者几希。明嘉靖间，中丞公讳象贤者建于前；万历中，东莱司马讳孟英者修于后，诚先契我心之同然耳。距今百余岁，风摧雨蚀，柱朽碑扑，见者悯之，矧余谊衍支派者，能不殷然动修建之念乎？昔余五兄讳复昌者督盐山左，目击心测，旋迁南国参政，有志未逮，己卯岁余，简明分理滨乐盐务，濒行时承余三兄少常公讳复盛者又建碑光前事，订之谆谆。余莅任次岁秋遂鸠工，重植原碑而更建碑亭，以蔽风雨垂久远，不惟俾先世之勋流芳千载，而余兄弟木本水源之思亦度几稍慰欤。爰勒填珉以志其事云。时康熙岁次甲午季春之吉重修后裔士铨等敬书

原文载《鲍山文韵》

# 殷陈庄村村规民约

## 第一章 总则

**第一条** 为了保障我村村民实行自治，发展我村基本民主，使村民有章可循，依法办事，保障社会安定，树立良好的村风民俗，促进我村“三个文明”建设健康发展，特制定本规约。

**第二条** 本规约以《中华人民共和国宪法》《中华人民共和国村民委员会组织法》的法律法规为依据，结合我村实际情况而规定。

**第三条** 本规约对我村村民和在本村的暂住人口，非农业人口等具有同等约束力，必须共同遵守。

## 第二章 依法行政

**第四条** 党支部、村委会要自觉接受上级党政组织的领导和指导，村民委员会在党支部的领导下支持和组织村民，依法发展各种形式的经济组织，增强经济意识，紧跟经济发展步伐。承担本村生产服务和其他事宜的协调工作，以家庭承包责任制经营为基础，做好农村的产业结构调整和发展个体经济，保障村民合法的权利和利益。

**第五条** 村民委员会要宣传法律、法规和国家的政策，教育村民合理利用资源，保护和改善生态环境，发展文化教育，普及科技知识。

**第六条** 村民代表会议由村民委员会召集，村民委员会向村民代表会议负责并报告工作，村民代表会议审议村民委员会的年度工作报告，并评议村民委员会的工作，有三分之一以上的代表提议，应当召集村民代表会议。

**第七条** 村民委员会实行村务公开、财务公开、计划生育公开、合同公开、宅基地公开的五公开制度，自觉接受村民查询，否则村民有权向上级政府及其主管部门反映，调查核实。

**第八条** 村民委员会成员应当遵守法律、法规和国家的政策。办事公道，廉洁勤政，热心为村民服务，坚持群众路线，充分发扬民主，认真听取不同意见，坚持说服教育，不得强迫命令，不得打击报复。

**第九条** 全村村民必须自觉遵守《中华人民共和国婚姻法》《中华人民共和国人口与计划生育法》《中华人民共和国老年人权益保障法》及有关法律政策，领取结婚证方可结婚，提倡晚婚晚育，自觉实行计划生育。

**第十条** 维护老年人、妇女、儿童的合法权益，提倡尊老爱幼和睦的家庭关系，严禁虐待老人、妇女、儿童的不法行为，不许晚辈干涉长辈的合法再婚。

**第十一条** 父母对子女有抚养教育的义务，子女对父母有赡养扶助的义务，子女给父母的口粮及生活费，必须高于全村人均水平，争创“十星级”文明家庭。

## 第三章 土地管理

**第十二条** 全村所有土地归全村村民所有，个人必须服从国家和集体的规划和需要，按村民委员会组织法第二十四条规定，少数服从多数执行。不经批准严禁个人把土地和宅基地划为己有，村民的承包地不能个人出租转包，村民对宅基地只有使用权，没有所有权。

**第十三条** 禁止村民在其宅基地以外搞临时性建筑物，现已有的临时性建筑物，必须定期向村委会交纳土地使用费，影响村容村貌的，无条件拆除恢复原貌。

**第十四条** 村民旧房翻建，必须提前写出申请，并填写国土所统一印发的旧房翻建申请表，经村委及上级主管部门批准后方可施工。村民建新房必须写出申请，报上级部门批准，按村委统一规划建房，建筑材料的存放不得影响交通，房屋建完后，必须将建筑余料清理干净使村道路清洁卫生。

## 第四章 财会管理

**第十五条** 村财会人员要严格执行财务计划，严格执行会计制度，财务制度，一定处理好经济关系。

**第十六条** 财会人员要按财务会计制度的规定记账，做到内容真实，数字准确，手续完备，账目清楚日清日结，定期公布账目。

**第十七条** 财会人员要妥善保管各种合同文件，会计必须建立凭据账簿、报表等财务档案，维护财经纪律护和会计制度，协助村委会为全体村民管好家、理好财。

**第十八条** 严格财务制度，各种收支单据必须由经手人、村主任支部书记签字，每月 28 日理财小组审核盖章，经管理站审核后，方可记账，并于每月 7 日前张榜布公，供村民监督。

## 第五章 合同管理

**第十九条** 签订合同必须以国家的法律、法规为依据，内容符合国家的经济及法律政策。双方当事人权利义务明确，合同条款内容完备，文字表达准确无误。

**第二十条** 订立合同应当遵守平等互利，协商一致的原则，任何一方不得把自己的意志强压给对方，任何单位和个人不得非法干扰，合同依法成立，即产生法律效力，当事人必须履行合同规定的义务，不得单方面变更和解除合同

**第二十一条** 村委与企业、村民以及外单位签订合同，必须经两委会集体研究决定，涉及金额较大或涉及村民切身利益的合同，须经村民代表会议研究同意，任何人不得擅做主张。

**第二十二条** 村委会发包的集体企业，依法享有经营自主权，要按时交纳税金和租赁承包费，不得超出经营范围，如损害国家、集体、他人和公共利益，责任自负，而且村委会有权终止合同。

## 第六章 公共秩序

**第二十三条** 为加强社会治安综合治理，维护公共秩序，保护村民的合法权益，村治保会、调委会要在村委会的领导和公安司法部门的业务指导下，认真做好治安保卫和民事调解工作。

**第二十四条** 讲文明、树新风、提倡社会主义新风尚，严禁酗酒闹事、打架斗殴、损坏公共财物的行为，以及盗窃抢劫、行凶等违法行为，违者视其情节轻重，报请有关部门给予处理。

**第二十五条** 树立良好的村风、民风，严禁造谣惑众、诬陷他人、拉帮结派、煽动闹事、挑拨是非、散布流言蜚语，对他人恶意攻击，侮辱诽谤，否则，轻者给予批评教育，重者报有关部门处理。

**第二十六条** 坚决清除“黄赌毒”现象和邪教组织，严禁收看、传播、贩卖淫秽录像，严禁聚众赌博等社会丑恶现象及封建迷信活动。

**第二十七条** 村民有义务协助国家公务人员执行公务，严禁恶意攻击、无理取闹，围攻谩骂、阻碍执行公务，否则，交公安部门给予治安处罚或追究刑事责任。

**第二十八条** 发扬见义勇为的精神，当国家、集体、他人或个人的生命、财产受到不法侵害时，要勇于正当防卫，向不法分子作斗争，确保国家、集体、他人或个人的生命、财产不受损失。

## 第七章 社会公德

**第二十九条** 村民买卖要公平，不欺骗顾客，不少斤短两，不欺行霸市，不坑骗，不制造、销售假冒伪劣商品，违者按有关规定给予处罚。

**第三十条** 自觉节约用电、安全用电，不准私拉、乱接电线，严禁窃电现象发生，电工要认真负责，发现问题要及时处理，杜绝触电事故发生。

**第三十一条** 要节约用水，严禁用自来水浇灌农作物和菜园地，违者每次处以 50 ~ 100 元罚款。

**第三十二条** 村民要尊师重教，严禁侮辱和殴打老师，要教育子女尊敬老师，服从学校管理，遵守校规，维护学校的正常秩序，家长要配合学校搞好对下一代的培养教育，使子女成为德、智、体、美、劳全面发展的共产主义事业接班人。

**第三十三条** 村民要依法缴纳有关税款，按时交纳承包费、电费，违者限期缴纳并给予批评教育及经济处罚，或交有关部门处理。

**第三十四条** 要正确处理国家、集体、个人三者利益关系，当三者利益发生矛盾时，坚决服从国家、集体利益，以国家、集体利益为重。

**第三十五条** 全村所有驾驶员要自觉遵守交通规则，服从交通民警的管理，严禁酒后开车，要爱护车辆，勤检查、勤保养，确保车辆正常运转，杜绝事故隐患，确保车辆及人身安全。

**第三十六条** 认真贯彻兵役法，全村适龄青年应履行自己的义务，积极报名应征，父母应支持子女依法服兵役。

## 第八章 附则

**第三十七条** 本规约如有与国家法律法规相抵触的地方，以国家法律法规为准。

# 主要参考书目


1.《李攀龙研究资料汇编》李伯齐编 . 山东文艺出版社，2007 年

2.《复古与求真——李攀龙研究》蒋鹏举著 . 中国社会科学出版社，2008 年

3.《历城乡贤文化》孙德顺主编 . 华龄出版社，2017 年

4.《历城县志正续合编》张华松点校 . 济南出版社，2007 年

5.《鲍山文韵》王海峰、刘汝振编著 . 中国书籍出版社，2019 年

# 编后记

殷陈庄村历史悠久、人杰地灵，文化底蕴丰厚。殷陈人勤劳、善良、包容、敦厚，识大体、顾大局，在长期的历史变革中，勇于担当、艰苦奋斗，创造了诸多辉煌业绩。

为真实记录殷陈庄村的发展史和殷陈人的奋斗史，记住乡愁、发扬传统，激励后人，殷陈庄村两委决定编纂《殷陈庄村志》。2016年3月，村两委责成谢吉孔、陈起宝、武光林、曹渔夫、李树平、武光寿、陈世经、谢呈祥、章文泉、李际宋、解修义、武光华、孟宪君、钱宝贞14名村民着手资料征集工作，经过半年时间的努力，收集大量历史资料和老照片。为村志编写打下基础。

为保证志书质量，2020年7月村两委聘请刘建国、杨恩海、程国栋三位专家与谢吉孔、李洪生、陈起宝、谢呈祥、姜晶组成编写小组，开始初稿撰写和及总纂工作，至11月完成《殷陈庄村志》初稿，12月，经充分征求意见和反复修改，最终定稿。

编修《殷陈庄村志》是殷陈庄村精神文明建设的重要举措，受到村民广泛关注和支持，提供大量宝贵资料。同时《殷陈庄村志》的编写也得到鲍山街道及刘汝振、王兵、鲍家虎等社会人士的无私支持和帮助，历城区人大常委会主任孙德顺为本志作序，中共山东省委原书记苏毅然为本志题词，在此一并致谢。

因资料不足加之水平所限，书中难免有错讹不足之处，敬请读者批评指正。

编者

2021 年 6 月